山东财经大学博士科研基金资助项目（2890934）

企业的二重性质

宋宪伟　著

经济科学出版社

图书在版编目（CIP）数据

企业的二重性质/宋宪伟著．—北京：经济科学出版社，2015.4

ISBN 978-7-5141-5614-0

Ⅰ.①企… Ⅱ.①宋… Ⅲ.①企业管理-研究 Ⅳ.①F270

中国版本图书馆 CIP 数据核字（2015）第 072922 号

责任编辑：柳　敏　段小青

责任校对：杨晓莹

版式设计：齐　杰

责任印制：李　鹏

企业的二重性质

宋宪伟　著

经济科学出版社出版、发行　新华书店经销

社址：北京市海淀区阜成路甲 28 号　邮编：100142

总编部电话：010-88191217　发行部电话：010-88191522

网址：www.esp.com.cn

电子邮件：esp@esp.com.cn

天猫网店：经济科学出版社旗舰店

网址：http://jjkxcbs.tmall.com

北京汉德鼎印刷有限公司印刷

三河市华玉装订厂装订

710×1000　16 开　11 印张　140000 字

2015 年 3 月第 1 版　2015 年 3 月第 1 次印刷

ISBN 978-7-5141-5614-0　定价：28.00 元

（图书出现印装问题，本社负责调换。电话：010-88191502）

前　言

科斯在1937年发表了《企业的性质》一文，这篇文章开创了企业理论的交易成本分析范式，标志着现代企业理论研究的开始。经过科斯本人和其他一些交易成本企业理论家的努力，企业的交易成本理论已经成为现代企业理论的主流范式。虽然如此，学术界对这一理论的批评自它诞生之日起就一直没有停止过。这种批评主要集中在交易成本企业理论单纯地强调企业的制度性质，主要关注不同制度选择对组织绩效的影响，而把对企业组织技术性质的分析排除在企业理论之外，使得交易成本理论只能解释企业的部分性质，无法对企业的性质做出完整和充分的解释。在科斯之前，以亚当·斯密和马歇尔为代表的古典经济学以及新古典经济学虽然没有系统的企业理论，但是也在多处论及企业问题。与交易成本企业理论恰恰相反，古典经济学和新古典经济学主要关注企业的技术性质，对劳动过程的分工协作、规模经济与范围经济等等做了细致的分析。但是，这些理论也有一个缺点，即在他们的分析中，劳动者与其他物的生产要素一样只有自然的、物质的属性，而不具有交易成本企业理论所强调的人的社会属性。也就是说，古典新古典经济学没有分析制度对劳动者的激励效应，因此，这些理论也是片面的，无法对企业理论做出完整的解释。

在分析社会历史的演变时，马克思提出了生产力与生产关系原理。这一原理为我们建立一个完整的企业理论分析框架提供了一种思路。生产力代表历史发展的技术方面，生产关系代表历史发展的制度方面，生产力与生产关系的矛盾运动是社会历史发展的动力。企业作为一种微观的生产组织形式，也具有二重性质，即技术性质和制度性质，只有把二者结合起来才能对企业的性质做出完整的解释。然而，在论证生产力与生产关系原理时，马克思过于强调生产力的决定作用，这在客观上弱化了生产关系的能动性。而交易成本企业理论通过比较分析不同制度选择对经济绩效的影响充分展示了制度的重要性，这在客观上与马克思的理论形成一种互补关系。任何具体的企业组织形式都是一种特殊的技术和制度的组合，它的出现既不是因为交易成本最小，也不是因为生产成本最小，而是二者的总成本最小。

在技术和制度的关系上，马克思强调技术的决定性，诺斯强调制度的决定性。这两种观点都没有错：马克思对技术的强调是为了说明他的历史唯物主义观点，诺斯对制度的强调则是为了表明人们可以通过制度选择来影响经济组织的效率。技术和制度协同演化的历史表明，技术和制度互为因果、互相决定。实际上，技术决定制度本身就要求制度对技术具有反作用，同样，制度决定技术本身也意味着技术对制度具有选择作用。因此，技术决定制度和制度决定技术在逻辑上是同一的，是同一演化过程的不同侧面。

本书是在我的博士论文的基础上形成的，为此，我特别感谢我的博士研究导师林金忠先生，因为林老师曾为指导论文的选题、写作和完成倾注了无数的心血和汗水。同时，我也要感谢经济科学出版社总编辑吕萍女士，为本书的出版提供了支持和帮助。

书中不妥之处，敬请读者批评指正。

目　　录

第1章

导　论

作为全书的开头，本章将对文章的选题和意义、思路与结构，以及本书主要的创新点和不足做一个简要说明，期望能够帮助读者快速准确地把握本书的主题、思路和结构框架。

1.1 理论述评与问题的提出

过去数十年来，企业理论已经成为经济学中最活跃、发展最快的重要分支之一。一般认为，科斯发表于1937年的《企业的性质》一文是现代企业理论的发端，它开创了交易成本分析的思路和视角。以交易成本这一概念为核心而发展起来的关于企业的一系列相关理论，通常被统称为企业交易成本理论。在科斯之前，虽然没有系统的企业理论，但是许多经典著作和理论都有涉及企业的论述和说明，本节接下来将大致按时间顺序对相关企业理论进行简单的述评，并在此基础上提出本书的主题。

1.1.1 传统企业理论

在科斯之前，许多经济学经典著作或多或少、或直接或间接地都论及有关企业的问题，我们暂且把这些理论称为传统企业理论。以下简要概述较有代表性的几种观点。

1. 亚当·斯密的有关论述

斯密有关企业的理论主要体现在他对分工的讨论中。亚当·斯密把自己对经济学研究的任务确定为探索国民财富的性质和原因，对于后者，斯密认为国民财富的起因可以归结为两个因素："第一，一般地说，这一国国民运用劳动，是怎样熟练，怎样技巧，怎样有判断力；第二，从事有用劳动的人数和不从事有用劳动的人数，究竟成什么比例"。斯密着重研究了第一个因素，他发现："劳动生产力上最大的增进，以及运用劳动时所表现出来的更大的熟练、技巧和判断力，似乎都是分工的结果。"① 所以，斯密认为国民财富增加的主要原因在于劳动分工。分工之所以能够增进劳动生产力，主要有三个原因："第一，劳动者的技巧因业专而日进；第二，由一种工作转到另一种工作，通常会损失不少时间，有了分工，就可以免除这种损失；第三，许多简化劳动和缩减劳动的机械发明，使一个人能够做许多人的工作"。② 斯密用一个扣针制造业的例子证明了分工的好处。按照当时的经营方法，扣针制造过程被分成抽铁线、拉直、切截、削尖、装圆头、涂白色、包装等 18 种专业操作。在有些工场，这 18 种操作由 18 个专门工人担任；也有些工场，一人兼任两三种操作。斯密考

---

① 亚当·斯密：《国民财富的性质和原因的研究》上卷，商务印书馆 1972 年中文版，第 1、5 页。

② 同上，第 8、6 页。

察了一个只雇佣10个人的小工场，他发现，如果勤勉努力，这10个人每日可以制造48000枚扣针，即一人一日可以制造4800枚扣针。可是如果他们各自独立工作，不专习一种特殊操作，那么，他们无论是谁，一日之内连20枚针也制造不出来，说不定连1枚也制造不出来。这个例子充分说明了分工因为专业化操作可以大大提高劳动的生产力。

上述制造扣针的手工工场是一种企业形态。除了考察企业内部的分工，斯密也分析了通过市场进行的分工，这主要体现在他对看不见的手的原理的说明。[①] 亚当·斯密没有区分企业内的分工和企业间的分工，他只是在笼统地讨论劳动分工。分工可以增进劳动的生产力，这是劳动过程的一种技术性质。生产力的增进不是因为劳动者比分工之前更勤勉更努力了，只是因为劳动者在劳动过程中的结合方式即生产方式发生了变化。所以，斯密对分工的分析是一种技术经济学。任何生产组织形式都包括技术和制度两个方面，分工协作体现了生产活动的技术性质，但是，参与分工的生产者还必须结成一定的制度关系，对他们在生产中的成本投入和合作收益进行分配。而关于成本和收益分配的规定将直接决定劳动者在生产中的积极性。生产活动的效率不仅取决于劳动者在生产过程采取什么样的分工方式，还取决于每一个劳动者劳动的积极性。亚当·斯密只是分析劳动者在技术性质上怎样结合，没有分析参与分工的劳动者在制度关系上怎样结合。他把参与分工的劳动者看作是一种自然人、技术人，没有分析不同制度安排对他们的劳动积极性的影响。而实际上，任何劳动者都是生活在一种生产关系即一种制度安排之下。

---

① 亚当·斯密：《国民财富的性质和原因的研究》下卷，商务印书馆1974年中文版，第27页。

2. 马歇尔和熊彼特的论述

相较于亚当·斯密，马歇尔明确地提出了工业组织问题，他把组织视为和土地、劳动、资本并列的第四种生产要素。由此可见马歇尔对组织问题的重视。马歇尔被认为是“古典经济学的集大成者”，因此，马歇尔继承了斯密对分工的认识，认为分工是组织能够提高效率的基础。但是马歇尔对组织的认识有许多新的重要思想，这首先体现在他对内部经济与外部经济的区分。他认为：“我们可以把因为任何一种货物的生产规模的扩大而产生的经济分为两类：第一是有赖于此工业的整体发展的经济；第二是有赖于从事此工业的个别企业的资源、组织和经营效率的经济。我们可以称前者为外部经济，后者为内部经济。”① 内部经济就是一般意义上的规模经济，是指一个组织因为规模扩大，可以在内部进行生产和管理上更细致的分工而获得的经济。外部经济是指许多个别企业虽然规模较小，但是可以通过把这些性质相似的企业集中在一个特定的地方而获得的经济，这实际上就是现代意义上的产业集群。

马歇尔关于企业的另一个重要思想是对企业家功能的解释。在分工经济中，产品不同环节的生产者之间以及生产者和消费者之间是互相独立的，他们之间往往缺乏有效的信息交流。在这种情况下，生产者的生产与消费者的需求之间，以及生产者之间的协调就成为一个问题。斯密认为这种协调是通过看不见的手实现的。在原子式的分工系统中，每个生产者独立做出生产决定，整个分工系统完全是受到看不见的手指挥。但是在企业出现之后，这种协调职能本身也专业化了，有一部分人专门负责发现需求和供给之间的联系，然后把这种信息与另一部分人共享，这些人就是企业家。企业家在发现有利可图的生产

---

① 阿尔弗雷德·马歇尔：《经济学原理》，华夏出版社 2005 年版，第 216 页。

机会之后，会购买原材料，雇佣工人，来生产消费者需求的产品。这时企业家发挥了一种协调分工的作用，他用他的看得见的手指挥原材料和劳动力等生产要素实现优化配置。马歇尔认为企业家不仅仅是那些雇佣工人组织生产的雇主，所有起到协调需求和供给职能的人都可以称为企业家，其中他特别地强调了商人的作用。①

马歇尔的这种思想后来也影响了其他经济学家。熊彼特认为创新不仅是指新发明、新工艺，生产要素的重新组合也是创新，而这种创新主要由企业家来完成。生产要素的重新组合实际上就是资源的重新配置。熊彼特对企业家功能的这种解释与马歇尔在本质上是一致的。

内部经济即规模经济是因为组织规模扩大之后可以在内部进行更细致更合理的分工，外部经济是因为性质相同的企业在空间上集聚之后有利于共同知识的传播和共享，从而加速了知识的积累和创新，而且企业集聚有利于对相关基础设施投资的共同利用。企业家能够促进资源的优化配置，这是因为信息协调职能的专业化。与亚当·斯密的分析一样，马歇尔的分析也是一种技术经济学。因为劳动分工的细化和生产活动空间分布的合理化能够增进劳动生产力，是劳动过程的客观性质，与劳动者自身的主观意识和劳动者的努力程度没有关系，这体现的是一种技术性质。与亚当·斯密一样，马歇尔也只是分析了劳动过程的技术性质，没有分析劳动过程中对劳动者积极性的影响等因素，即生产过程中他们以怎样的制度关系结合在一起。

3. 新古典经济学的论述

新古典经济学研究的中心任务是资源配置问题。对此，英国经济学家罗宾斯的看法最具代表性，他写道："经济学是这样一门科学，他把人类行为看作是目的与具有各种用途的稀缺手段之间的一种关系

---

① 阿尔弗雷德·马歇尔：《经济学原理》，华夏出版社2005年版，第236~240页。

来研究”。又说，“给定的资源在不同用途上的分配才是真正的经济问题”。[①] 直到今天，西方主流经济学的中心问题仍然是资源配置。新古典经济学通过一系列有关消费者和生产者的严格假定得出，在自由竞争的条件下通过价格协调需求和供给能够自动实现均衡。新古典经济学的价格机制实际上是一种拍卖机制，完全竞争下的价格机制迫使消费者和生产者要如实地表明有关自己效用和成本的信息，从而产品和要素能够在消费者和生产者之间达到最优配置。在整个分析中，人被假定为具有固定的偏好和生产力，因此，新古典经济学所研究的仅仅是需求和供给之间的一种纯粹的技术关系，也是一种技术经济学。

新古典经济学把企业看作是一个生产函数，一个生产要素和产品之间的转化装置。劳动者被看作是和其他生产要素一样，只具有物质的属性，没有任何主观意识可言。劳动本身被假设为是同质的，没有努力和偷懒之分，作为一种生产要素只是被简单地用劳动时间多少来度量。因此，新古典经济学和古典经济学一样没有分析人的主观能动性对生产效率的影响，从而对生产组织形式的影响，也是一种技术经济学。

综上所述，我们可以把传统企业理论归结为技术经济学的范畴。这里所说的技术乃是一个广义概念，不仅是指生产工艺以及体现于生产工具的自然科学技术，也包括分工协作、空间分布等生产因素。总起来说，技术就是指生产过程中一切客观因素的统称。分工带来专业化经济，生产要素的空间分布影响内部经济和外部经济，分工经济中生产信息和需求信息的协调。所有这些都有一个共同的特点，就是它们分析讨论的都是影响生产效率的客观因素。之所以说是客观因素，是因为在讨论这些问题时，他们都把劳动者仅仅看作是技术人。在分

---

① L. Robbins, *The Nature and Significance of Economic Science.* 2nd edition, London: Macmillan, 1935, P. 16.

析中，只关注劳动者与生产工具之间以及劳动者与劳动者之间的技术性关系，生产中的劳动者只知道生产，不要求索取。在这些分析中，劳动者的社会属性被抽象掉了。因此之故，我们可以把以上这些理论归结为技术经济学的范畴。总的看来，科斯之前的经济学家在讨论企业的生产效率时，主要分析了包括人在内的生产要素之间的技术关系，因为这些理论没有或没有足够重视对人的生产努力的激励问题。而实际上，企业作为一种生产组织形式，不仅具有技术性质，也具有制度性质，其效率不仅取决于生产过程中的技术因素，也取决于生产者的积极性和努力程度等由制度决定的因素。由此可见，传统企业理论的分析是片面的，不能对企业的性质做出充分完整的解释。

1.1.2 交易成本企业理论

在科斯之前的企业理论一般被称为传统企业理论，在此之后的企业理论被称为现代企业理论。在现代企业理论各流派中，科斯开创的交易成本分析范式居于主流地位，与此相关的文献一般被统称为交易成本企业理论。接下来，将对交易成本企业理论的经典文献进行简单述评。

1. 科斯和威廉姆森的企业理论

在《企业的性质》这篇文章中，科斯把企业看作是市场的替代物。企业之所以存在，是因为市场的运行是有成本的，这种成本就是交易成本。如他所说，“我认为，企业的显著特征就是替代价格机制”。“建立企业是有利可图的主要原因似乎是利用价格机制是有成本的”。市场作为一种协调经济的手段，它的运行是有成本的，包括发现相关价格的成本、确定交易对手的成本、谈判和签约的成本、监督和确保契约执行的成本等等。企业作为市场的替代物，它的运行也是有成本的，主要包括企业内部的管理组织成本。对于某些交易，在企业内部组织的成本低于通过市场调节的成本，这时企业就代替价格机制出现了。①

科斯认为，在市场上利用价格机制协调资源配置，会产生搜索、谈判、签约等交易成本。如果在企业内部，企业主可以通过权威直接指挥要素资源从一个部门流动到另一个部门，这种方式可以节省交易成本。但是，资源配置可以通过指挥来进行有一个前提，就是资源的所有权是统一的，即所有权归一个单一的主体②所拥有。我们可以看到，在市场上资源流动需要通过谈判进行，这是因为资源的所有权在不同主体之间发生了转移，交易发生前后的所有权主体是不同的、不统一的。而在企业内部，资源流动前后的所有权主体并没有发生改变，资源仅仅是同一个所有权内部的流动，就像一样东西从一个人的左手转移到他的右手，正因为如此，企业内部的资源流动才可以省却谈判过程，直接通过指挥来实现。科斯说的企业内部实质上是同一所有权内部，他说的市场交易是不同主体之间的所有权转移。因此，在科斯那里，市场意味着所有权独立、分裂，企业意味着所有权统一、合一。在他那里反复出现的一体化实际上是指所有权的一体化，并不意味着资源在空间分布上的一体化。所以，科斯的企业理论是一种制度分析。

威廉姆森被认为是“交易成本经济学的集大成者”，在分析思路他上完全继承了科斯，他的贡献主要在于提出了资产专用性概念，使得对于哪些交易适合在市场上进行，哪些交易适合在企业内部进行有了判断的依据。威廉姆森认为，“区别各种交易的主要标志是资产专用性、不确定性及其发生的频率。资产专用性是最重要的标志，也是

① Ronald H. Coase, “The Nature of The Firm”, *Economica*, (4), 1937.

② 这个主体既可以是自然人，也可以是法人。

使交易成本经济学与解释经济组织的其他理论相区别的最重要的特点”。资产专用性概念在威廉姆森的理论中具有不可或缺的地位，他认为，“资产专用性对于交易成本经济学的重要性无论怎样强调也不过分”。这是因为，“虽然只是对有限理性或投机问题来说，以及在存在不确定时，资产专用性才显示出其重要意义；但主要就是由于这个资产专用性具有的预测作用，才推动交易成本经济学的发展。没有这一条，整个合同世界都会大大地简化；一涉及资产专用性，马上就产生了签订非标准合同的问题”。专用性投资一旦实施，供应商就会被锁定于特定的买方，在谈判中失去讨价还价的地位，这是因为供应关系一旦中断，专用性投资的经济价值就会消失。供应商一旦考虑到这种预期，签订合同的过程就会变得非常复杂，交易成本也会因此骤然增加。资产专用性使做出投资的供应商失去了选择买方的权利，供需双方由原来的竞争关系变为单边垄断关系，这是使交易变得复杂从而使交易成本增加的根本原因。①

威廉姆森认为，根据资产专用性、不确定性和交易频率这三个因素的不同，交易可以被区分为各种不同的类型，对于不同的交易类型需要用不同的治理结构来治理。资产专用性越强、不确定性越大，交易频率越高的交易，就越适合用一体化即企业这种治理结构来治理。反之，则越适合用市场来治理。在企业和市场之间，还存在着三方治理和双方治理等中间治理结构。② 威廉姆森对企业和市场划分的标志与科斯一样，是物质资本所有权的分配结构。物质资本所有权由同一个主体拥有（一体化）就是企业，由供需双方分开拥有就是市场。因此，威廉姆森的企业理论也是一种制度分析。而且，威廉姆森最先把企业和市场这两种治理结构的比较看作是比较制度分析。

① 奥利弗·E·威廉姆森：《资本主义经济制度》，段毅才、王伟译，商务印书馆2004年版，第78、83、84页。

② 同上，第113页。

与传统企业理论恰恰相反，科斯和威廉姆森注重对制度的分析，他们强调不同所有权结构（是否一体化）对交易双方在讨价还价和机会主义等行为上的激励作用，这对传统企业理论确实是一个重要补充。但遗憾的是他们矫枉过正，在极力强调制度重要的同时，把分工协作等劳动过程的技术性质彻底抛弃。因为这个原因，他们的理论变成一种完全的静态分析，把生产工具和分工协作等技术因素的发展对生产组织形式变迁的影响完全置于他们的理论之外。这样，我们就不难理解为什么科斯认为企业存在的原因是交易成本，而不是生产技术发展到一定阶段的结果。与传统企业理论一样，单纯的制度分析也是片面的，不能对企业这种特殊的生产组织形式做出完整的解释。

2. 企业的产权理论

企业产权理论是从产权关系的角度分析企业性质的一种理论，这一理论可以分为两个分支：一个分支以阿尔奇安和德姆塞茨为代表，这个分支主要关注企业剩余索取权的分配，有时候被称为“旧产权学派”；另一个分支以格罗斯曼、哈特和穆尔为代表，这个分支主要关注企业剩余控制权的分配，有时候被称为“新产权学派”。下面将分别对产权理论的这两个分支进行评述。

阿尔奇安和德姆塞茨的分析以团队生产为起点。他们认为，“如果团队产出超过各要素独立生产的产出之和，并足以抵补组织和约束团队成员的成本，那么团队生产就会被采用”。但是，“在团队生产中，各个相互合作的投入品并不生产可确定的独立产品，因而无法用独立产品的和来测度总产出”。这时，要准确测定团队成员的边际生产力就非常困难，需要很高的观测成本。在这种情况下，团队的成员与他们不是团队的一分子时相比，会有更大的偷懒动机。为了减少偷懒行为，一种办法是由某个人专门作为监督人检测团队成员的投入绩效。可是，监督人本人也会有偷懒动机。阿尔奇安和德姆塞茨认为，减少监督人偷懒动机的一种方法是"授予他获得团队净收入（已经减去了对其他成员的支付）的权利"。"如果合作投入品的所有者同意监督人获得规定数量以上的任何剩余产品，那么，监督人不在监督活动中偷懒的激励会加强。"①

获得净收入的权利即剩余索取权的分配情况会影响团队的生产效率，如他们所言，"所采用的报酬体系（指所有权分配体系——引者注）会有某种生产率反应"。② 他们重点讨论了剩余索取权为一人所有的情况，即古典企业。此外，也讨论了其他企业类型，比如利润分享型企业、社会主义企业、公司制和合伙制等。每一种类型的企业分别对应着一种不同的剩余索取权分配体系。阿尔奇安和德姆塞茨从剩余索取权分配的视角分析企业生产效率的不同，他们认为不同的报酬分配体系会对企业成员产生不同的激励效应，导致企业成员采取不同的经济行为，因而，会有不同的生产效率。可以看出，在本质上，他们与科斯和威廉姆森一样，把企业看作一种特殊的所有权分配结构，是一种制度分析。

企业产权理论的另一个分支以格罗斯曼、哈特和穆尔为代表，他们关注企业剩余控制权的分配情况，此处以哈特的著述为代表进行评述。哈特将企业视为一种契约结构，他认为任何契约都是不完全的，这是因为：（1）在签订合同时，对于未来才发生的事情不可能做出完全正确的预期；（2）即使能够完全预测到未来可能发生的所有事情，也无法将所有这些事情发生时候缔约各方必须采取的行动以及权利和义务关系完整无缺地写在契约中；（3）即使签约各方能够将这些完整地写在契约内，在发生争议并由第三方裁决时，也是难以证实的。既然合同是不完全的，那就无法就将来可能发生的各种情况，对

① 阿曼·阿尔奇安、哈罗德·德姆塞茨：《生产、信息成本与经济组织》，载于孙经纬译《企业的经济性质》，上海财经大学出版社2000中文版，第232、237页。

② 同上，第231页。

各方的权利和义务做出完全详细的规定。哈特把在未预期到的情况出现时，“可以按任何不与先前的合同、惯例和法律相违背的方式决定资产所有用法的权利”定义为剩余控制权。[①] 他又把所有权定义为对剩余控制权的购买。

哈特认为，合同不完全性的经济含义在于导致了合同重新协商过程会产生事后成本和事前成本。事后成本源于重新协商过程本身，事前成本源于对可能出现的重新协商的预期。在由合同不完全性导致的各种成本中，哈特最看重事前专用性投资不足造成的成本，他认为，这种成本有可能使其他各种成本相形见绌。[②] 事前专用性投资是否充足取决于资产的剩余控制权在合同各方之间的分配情况，因此，哈特认为剩余控制权在合同各方之间怎样分配是重要的。在出现合同中没有事先规定的情况时，谁拥有剩余控制权谁就有权决定对资产怎样使用，而这又将影响合作剩余在合约各方之间的分配。由于对这些因果关系的预期，剩余控制权的不同分配将对事前各方的专用性投资产生不同的激励，进而产生不同的经济效率。根据专用性投资的不同特点，哈特总结了几条剩余控制权分配的原则，这包括：（1）在企业内部，拥有相对稀缺资产的所有者应该成为企业最终的所有者；（2）如果两项资产之间是互为独立的，那么他们应当被分别拥有；（3）如果两项资产之间是严格互补的，它们应该被共同拥有或控制。[③] 当资产被分别拥有时，所有者之间是市场关系；当资产被一方独自拥有或被各方共同拥有时，所有权配置结构是企业关系。

在哈特看来，企业和市场分别对应着不同的所有权配置结构，他们的效率均来自所有权的正确配置。剩余控制权与剩余索取权一样，

① O. 哈特：《企业、合同与财务结构》，上海三联书店、上海人民出版社 1998 年中文版，第 25 ~ 26、35 页。

② 同上，第 28 ~ 29 页。

③ O. 哈特、J. 穆尔：《产权与企业的性质》，载于陈郁编《企业制度与市场组织——交易费用经济学文选》，上海三联书店、上海人民出版社 1996 年中文版，第 335 页。

是最终所有权的体现，他们的配置也就是所有权的配置。而所有权配置是制度安排最重要内容，所以，哈特的分析与交易成本企业理论的其他学者一样是一种比较制度分析。虽然与科斯和威廉姆森强调的重点不同，企业产权理论同样没有分析劳动过程的技术性质，因此，这种理论也是片面的、不完整的，无法对企业做出充分解释。

3. 企业契约理论

企业契约理论把企业看作是一组契约的连接，同样也把市场看作是一组契约的连接，企业代替市场就是一组契约代替另一组契约。比如，张五常认为，企业并不是如科斯所说的那样取代了市场，而只是“一种契约形式取代另一种契约形式”。这种契约之间的取代意味着要素市场取代了产品市场。① 实际上，从科斯开始，交易成本企业理论都存在把企业和市场同质化的倾向，只是契约经济学在这一点上走到了极致。在科斯那里，企业和市场仍有明确的区分，但是他把企业和市场都看作是组织交易的方式，企业代替市场就是组织交易的一种方式代替另一种方式。在威廉姆森那里，企业和市场的共同称呼是治理结构，企业代替市场就是一种治理结构代替另一种治理结构。在产权理论那里，企业和市场都意味着一种所有权的配置结构，企业代替市场就是以一种所有权配置结构代替另一种所有权配置结构。到了契约理论这里，企业和市场的同质化走到了极点。比如，张五常认为，“一个‘企业’可能小到只是两个投入要素的所有者之间的契约关系，或者如果一系列的契约允许扩散，它又可以大到包容整个经济”。在张五常看来企业的边界变得模糊了，甚至消失了。所以，他认为，“我们对于企业的规模无法说得更多，因为我们无法确切地知

① 张五常：《企业的契约性质》，载于陈郁编《企业制度与市场组织——交易费用经济学文选》，上海三联书店、上海人民出版社1996年中文版，第250页。

道企业究竟是什么”。① 持同样观点的还有詹森和麦克林，他们认为，“试图区分哪些事情在企业（或任何别的组织）‘里面’和哪些事情在‘外面’，意义不大或根本没有任何意义”。② 在他们看来，企业无所谓“内部”与“外部”之分，这与张五常认为企业边界是模糊的或企业没有边界的观点是一样的。

把企业和市场同质化的倾向始于科斯，并在以后被不断强化。在《企业的性质》中，科斯首提企业和市场的替代关系，第一次通过比较企业和市场在完成某一任务上的功能强弱（成本大小）来解释企业存在的原因。这种倾向和思路被以后的交易成本企业理论家所沿承。从理论上来说，这种方法和思路本身没有问题，但是比较方法应该只是作为一个切入点和视角。不管是交易组织方式也好，治理结构也好，所有权配置结构还是契约结构也好，这些都是企业和市场在形式上的共同点，企业和市场的本质特征还在于对这种形式之下实在内容的考察。科斯、威廉姆森以及企业产权理论都在看到企业和市场形式上的共同点的同时，对交易各方之间不同的权利义务关系安排对他们各自行为的引导和激励进行了分析，所以，他们仍能看到企业和市场的区别。但是，企业契约理论把企业彻底的形式化了，认为企业就是“一种法律虚构”，并把这种法律关系看作是企业的本质。③ 这样的观点在概念上也许不能说是错误，但在内容上却显得很空洞。林金忠认为，“如果说科斯当年提出交易成本概念，解释企业存在的合理性，意在打开新古典经济学的企业‘黑匣子’的话，那么在企业契约论者那里，通过将企业彻底地还原为一组契约或契约关系的连接之后，企业又重新被锁进了‘黑匣子’，这可能是一个比新古典经济学

① 张五常：《企业的契约性质》，载于陈郁编《企业制度与市场组织——交易费用经济学文选》，上海三联书店、上海人民出版社 1996 年中文版，第 260、261 页。

② 詹森、麦克林：《企业理论：管理行为、代理成本与所有权结构》，载于《所有权、控制权与激励——代理经济学文选》，上海三联书店、上海人民出版社 1998 年中文版，第 9 页。

③ 同上，第 8 页。

更‘黑’的‘黑匣子’”。[①]

撇开企业契约理论的过渡形式化主义不谈，在其他方面，这种理论与其他交易成本企业理论一样，都只是关注企业的制度方面，即从交易各方的所有权或法律关系上去认识企业，而完全没有理会企业作为一种生产组织形式在物质的劳动过程中的技术性质。因此，这种理论也是片面的，不能对企业的性质做出完整的解释和说明。

1.1.3 本书的主题

传统企业理论分析了劳动过程的技术性质，在他们的分析中，作为劳动者的人只是具有技术性质，与其他生产要素一样，也只是一种具有产出能力的“物”。劳动者就像机器一样，只生产，不要求报酬，因此，传统理论中的人是一种“技术人”。企业作为一种生产组织形式，技术性质仅仅只是一个方面，因为劳动者不仅仅只是按照技术性质参与生产，也会要求占有生产资料并分配劳动成果，后一方面表现了企业的制度性质。生产资料所有权的分配、劳动努力的投入以对劳动成果的分配，更一般地说，生产过程中关于劳动者损益的所有规定构成了企业的制度性质。制度性质通过影响劳动者的损益而影响劳动者积极性。在生产中，如果劳动者积极性不高，那么，即使生产使用的技术非常先进，劳动的效率也不会很高。所以，传统企业理论不能对企业做出充分的解释，因为，它忽视了企业的制度性质。交易成本企业理论非常重视企业的制度性质，认为制度对劳动者具有激励效应，影响劳动者的积极性和努力方向，因而影响劳动的效率。但遗憾的是，交易成本企业理论在强调企业制度性质的同时，把传统企业理论强调的企业技术性质丢掉了。因此，交易成本企业理论也是片面

① 林金忠：《企业组织的经济学分析》，商务印书馆2004年版，第31页。

的、不完整的，不能对企业的性质做出充分解释。企业作为一种特殊的生产组织形式，它的性质具有二重性，包括技术性质和制度性质两个方面。但是现有的企业理论要么只是分析了技术性质，要么只是分析了制度性质，都没有把技术和制度结合起来，因此，它们都是片面的，都不能对企业的性质做出完整充分的解释。这正是本书所要面对的问题。

本书认为企业是一种特殊的生产组织形式，它同时具有技术和制度二重性，是技术与制度的组合。这一想法源于马克思对生产力与生产关系原理的阐述。马克思认为，“人们在自己生活的社会中发生一定的、必然的、不以他们的意志为转移的关系，即同他们的物质生产力的一定发展阶段相适合的生产关系。这些生产关系的总和构成社会的经济结构，即有法律的和政治的上层建筑树立其上并有一定的社会意识形态与之相适应的现实基础。物质生活的生产方式制约着整个社会生活、政治生活和精神生活的过程。不是人们的意识决定人们的存在，相反，是人们的社会存在决定人们的意识。社会的物质生产力发展到一定阶段，便同它们一直在其中运动的现存生产关系或财产关系（这只是生产关系的法律用语）发生矛盾。于是这些关系便由生产力的发展形式变成生产力的桎梏。那时社会革命的时代就到来了。随着经济基础的变更，全部庞大的上层建筑也或慢或快地发生变革”。①马克思在对整个社会历史进行考察时，提出了生产与生产关系原理。生产力代表着社会发展中的客观方面，生产关系代表着社会发展中的主观方面。任何生产关系都以一定的生产力为基础，生产力的发展变化决定着生产关系的发展变化，但是生产关系对生产力也具有反作用，它可以促进生产的发展，也可以阻碍生产力的发展。马克思的生产力与生产关系原理是用来分析作为一个总体的国家或社会的，而企

① 《马克思恩格斯选集》第2卷，人民出版社1995年版，第32～33页。

业只是国家或社会中的一个部分。生产力和生产关系都是集合意义上的概念，它们都有着很广的含义，因此，不宜把生产力与生产关系原理直接用于对企业的分析。但是，我们可以借用马克思在这一原理中所体现的哲学方法，即任何事物都是客观与主观的统一。为此，我们用技术和制度概念分别对应生产力和生产关系概念。技术代表了企业性质的客观方面，制度代表了企业性质的主观方面。企业是技术发展到一定阶段，与一定的制度结合的产物，是生产组织形式的一种特殊表现，是技术与制度的组合。

在生产力与生产关系的矛盾运动中，马克思认为生产力决定生产关系，生产力的发展变化引起生产关系的发展变化，同时生产关系对生产力具有反作用，它既可以促进生产力的发展，也可以阻碍生产力的发展。但是，在具体的阐述和论证中，马克思更加强调生产力对生产关系的决定作用，认为生产力因素更活跃、更具有主动性。相反，在生产关系对生产力具有反作用这一点上论证不够充分，这在客观上弱化了生产关系的能动性。新制度经济学强调制度的重要性，通过比较制度分析证明了不同制度选择对经济组织绩效的作用，这在客观上对生产关系反作用于生产力提供了一种功能主义的解释和证明。因此，马克思的理论与新制度经济学是互补关系，它们分别证明了生产力生产关系原理的两个方面：生产力决定生产关系和生产关系反作用于生产力。

1.2 本书研究的思路、方法与结构

1.2.1 本书的研究思路

本书的思路是：首先，通过回顾马克思对生产力与生产关系原理

的阐述和论证，指出马克思通过历史的方法证明了生产力对生产关系的决定作用，但是没有从理论上证明生产关系怎样能够反作用于生产力。然后，通过对交易成本企业理论采用的比较制度分析方法的回顾，指出交易成本企业理论在客观上对马克思关于生产关系反作用于生产力的观点提供了一种功能主义的解释。接着，文章明确提出马克思企业理论和交易成本企业理论在客观上具有互补关系，他们分别从不同侧面证明了生产力与生产关系原理的两个方面：生产力决定生产关系，生产关系反作用于生产力。在上述分析结论的基础上，本书构建了一个基于技术—制度二分法的企业理论框架，指出企业既不是一个单纯的技术系统，也不是一个单纯的制度系统，而是同时具有技术和制度二重性质，是一种特殊的技术—制度组合。再接下来，本书从演化的视角分别分析了技术和制度的演化性质，并说明它们之间是协同演化关系。最后，基于前面的技术—制度二重性理论，考察了企业组织形式历史演变的过程。本书的思路可以用图 1.1 表示。

1.2.2 本书的研究方法

在研究中，本书主要使用以下几种方法：

（1）比较分析的方法。比较分析方法是社会科学研究中最常用的方法之一，本书也沿用了这种方法。正是对马克思企业理论和交易成本企业理论的比较分析，才发现了它们在客观上的互补关系。而且，对生产成本、交易成本等基本概念的新定义也是通过对现实世界和理想世界的比较进行的。

（2）历史唯物主义的方法。本书的主体框架就是遵循历史唯物主义的脉络构建的，本书始终坚持马克思的历史唯物主义这一基本方法。比如，本书认为技术和制度主要是共同演化，互相决定的关系，但在发生学意义上仍然坚持技术的首要性地位。而且正是坚持这样的

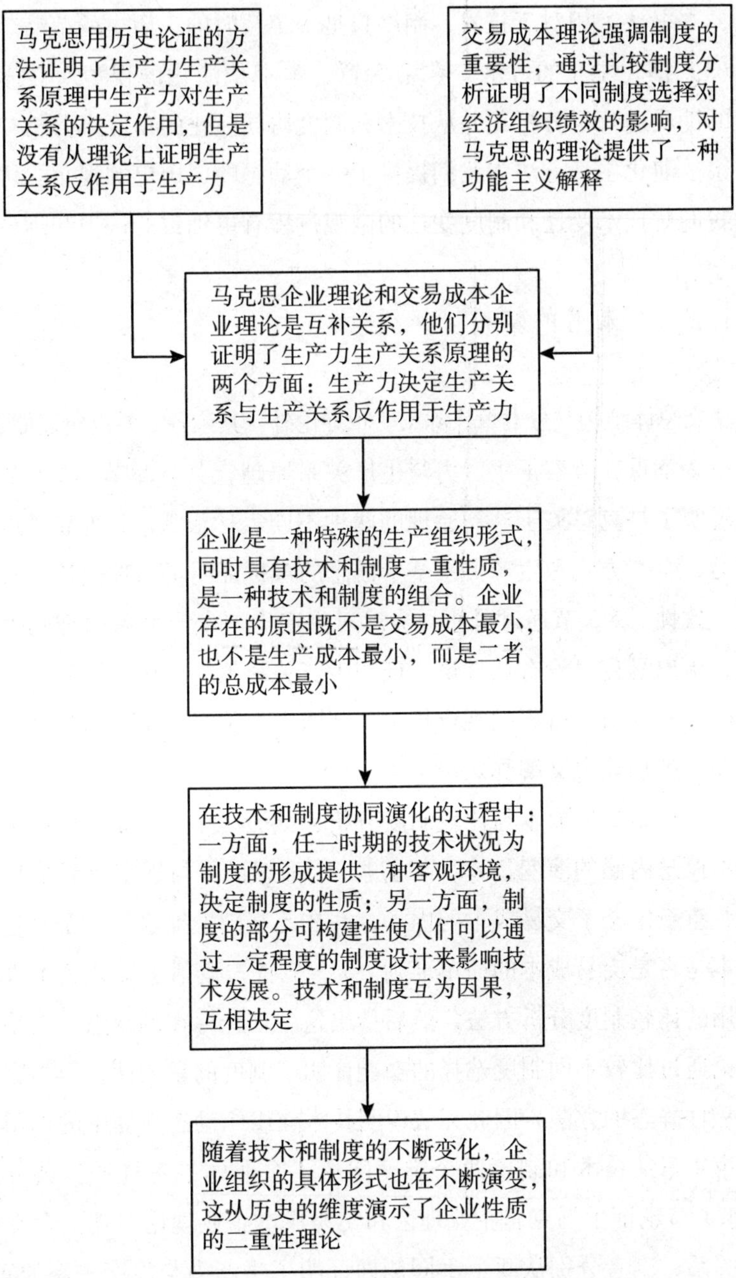

马克思用历史论证的方法证明了生产力生产关系原理中生产力对生产关系的决定作用，但是没有从理论上证明生产关系反作用于生产力

交易成本理论强调制度的重要性，通过比较制度分析证明了不同制度选择对经济组织绩效的影响，对马克思的理论提供了一种功能主义解释

马克思企业理论和交易成本企业理论是互补关系，他们分别证明了生产力生产关系原理的两个方面：生产力决定生产关系与生产关系反作用于生产力

企业是一种特殊的生产组织形式，同时具有技术和制度二重性质，是一种技术和制度的组合。企业存在的原因既不是交易成本最小，也不是生产成本最小，而是二者的总成本最小

在技术和制度协同演化的过程中：一方面，任一时期的技术状况为制度的形成提供一种客观环境，决定制度的性质；另一方面，制度的部分可构建性使人们可以通过一定程度的制度设计来影响技术发展。技术和制度互为因果，互相决定

随着技术和制度的不断变化，企业组织的具体形式也在不断演变，这从历史的维度演示了企业性质的二重性理论

图1.1

方法，本书认为相对于技术，制度只是一个暂时的、历史的范畴。

（3）演化主义的方法。在第 5 章，本书从演化的视角对技术和制度的性质进行了分析，并从技术和制度协同演化的角度来分析二者的关系。演化主义方法为我们提供了一个动态的、历史的视角，可以帮助我们对技术变迁和制度变迁的微观过程有更细致的认识和理解。

1.2.3 本书的结构

全文总体结构共分七章，除第一章导论外，其余各章要点概述如下：

第 2 章重新考察了生产力与生产关系原理，共分三节。2.1 节概括地说明了马克思关于这一原理的两种不同表达形式。2.2 节通过对生产力、生产方式和生产关系基本概念的辨析证明了两种表达方式的内在一致性。2.3 节通过分析马克思对生产力与生产关系原理的论证方法，指出马克思没有从理论上证明生产关系怎样反作用于生产力这一命题。然后引用科恩的观点指出，证明生产关系对生产力具有反作用需要一种功能主义解释。

第 3 章是交易成本与比较制度分析，共分三节。3.1 节分析了交易成本概念内涵的演变。3.2 节通过一个理想世界与现实世界的比较分析，重新定义了交易成本的内涵，并在此基础上提出了一条判定某一成本是否是交易成本的简单准则。3.3 节首先概括了交易成本理论所采用的比较制度分析方法，然后指出这一理论存在的缺点。交易成本理论通过比较不同制度选择的功能证明了制度的重要性，但是因为它是一种静态的方法，因此无法说明技术在组织动态演变中的作用。

第 4 章从技术和制度两个维度阐述了企业的二重性质，共分三节。4.1 节论证了马克思企业理论和交易成本企业理论客观上存在的互补关系，二者分别从两个不同侧面证明了生产力与生产关系原理：生产力决定生产关系与生产关系反作用于生产力。4.2 节在对技术、制度等基本概念重新定义的基础上构建了一个基于技术－制度二分法的企业理论分析框架，其基本观点是：企业乃是一种特殊的生产组织形式，与其他任何生产组织形式一样同时具有技术制度二重性质，是一种特殊的技术－制度组合。4.3节首先以企业的二重性质为对照，分析了市场的二重性质，然后以企业和市场的二重性理论为工具，讨论了公有制与市场经济的兼容性这个问题。

第5章从演化视角分析了技术与制度的关系，共分四节。5.1节对演化经济学的相关理论进行了概括。5.2节分析技术的演化性质，主要分析了技术创新的不可预测性与累积性特征。5.3节分析制度的演化性质，指出制度的部分可构建性是人类发挥能动性的前提，否则经济变迁将会是机械决定过程。5.4节说明技术与制度在经济变迁过程中是协同演化、互相决定的关系，而且在逻辑上，技术决定制度与制度决定技术具有同一性。

第6章从历史的角度考察企业组织形式的变迁，这是本书所提出的企业性质的二重性在历史维度上的展示，共分四节。6.1节考察家庭手工业与包买商制度。6.2节考察手工工场这种生产组织形式。6.3节考察机器与工厂制度。6.4节考察了两种典型的网络化生产组织形式：丰田生产模式与大规模定制。

第7章对本书得出的主要观点进行了总结，并对以后的研究方向进行了展望。

1.3 本书可能的创新与不足之处

1.3.1 可能的创新之处

本书主要的创新之处有以下几个方面：

（1）提出并论证了马克思企业理论和交易成本企业理论之间的互补关系。马克思使用历史唯物主义的方法证明了生产力决定生产关系这一命题，交易成本企业理论采用比较制度分析证明了生产关系反作用于生产力，对马克思的理论提供了一种功能主义解释。

（2）构建了一个基于技术—制度二分法的企业理论分析框架。说明企业是一种特殊的生产组织形式，是技术与制度的组合，同时具有技术制度二重性。企业代替市场既不是生产成本最小，也不是交易成本最小，是二者总成本最小。这是企业理论中关于企业性质的一种新的见解。

（3）在技术与制度的关系上，提出技术决定论与制度决定论是同一事物的不同侧面，在逻辑上二者是同一的。技术决定制度内在地要求着制度对技术具有反作用，制度决定技术本身也意味着技术对制度具有选择作用。

（4）对技术、制度、生产成本、交易成本等基本概念的内涵进行了新的界定。技术是指生产过程中一切客观因素的统称，不但包括生产工艺以及体现于生产工具上的自然科学技术，也包括人与人之间在技术上怎样分工协作的行为组织技术。制度概念的定义是人与人之间的社会关系，其根源是生产要素的稀缺性。制度通过规定人与人之间在生产过程中的相对成本收益关系，对人提供激励，影响生产者的努力方向，从而影响生产效率。生产成本是指完成某一活动在客观上需要的最小成本，它完全由技术规定的生产函数决定。在内容上，它不仅包括物质转换成本，也包括运输成本等一切改变客观状态的活动产生的成本。交易成本是指完成某一活动的实际成本与客观上需要的最小成本的差额，它是实际成本高于生产成本的那一部分。交易成本是制度存在的原因，它的大小可以通过制度选择来改变。在理论上，只要每个生产者都愿意，它可以降低为零。

1.3.2 不足之处

由于个人知识所限，本书在所难免存在某些问题和不足之处。以下两个方面比较突出，有待于进一步研究改进：

（1）本书属于政治经济学领域的基础理论研究，主要是采用文字语言在观点上和思想上进行逻辑演绎和定性分析，未能采用数理模型来加以严谨表述。在以后的研究中，努力方向之一就是在进一步完善这些观点和思想的基础上，把它们标准化、模型化。

（2）本书的主要观点和思想是个人原创的，鉴于个人知识有限，许多想法难免不够成熟，包括表述及结构安排上不完善之处肯定不在少数。在听取各方面专家批评和建议的基础上，在以后的研究中将不断努力，在语言和结构上使之更加合理和成熟。

第2章

马克思的生产力与生产关系原理

本书的主题是企业的二重性质，这一思想来源于马克思关于生产力与生产关系原理的论述。马克思把生产力与生产关系看作是社会形态的两个基本维度，通过对生产力与生产关系历史发展过程的分析论述了社会形态的演变过程。受到马克思的启发，本书认为企业是一种特殊的生产组织形式，是生产力发展到一定阶段时生产组织形式的特定表现。社会形态是从国家整体层面来讲的，生产力与生产关系是两个集合意义上的概念。企业是从微观角度来讲的，它的二重性表现为技术性质和制度性质。为此，在本书主题展开之前，很有必要回顾和阐明这一原理，对这一原理所涉及的若干关键范畴及其关系的含义加以条分缕析，以为后文叙述提供一个必要的理论和逻辑铺垫。

本章分三节：2.1 节指出在马克思的著作中生产力生产关系原理有两种表达形式；2.2 节通过对生产力、生产方式、生产关系这三个基本概念内涵的分析阐明两种表达方式的内在一致性；2.3 节通过分析马克思对这一原理的论证方法，指出马克思对这一原理的论证存在一个不足之处：过分强调生产力的决定作用，没有从逻辑上证明生产关系反作用于生产力的方式或机理。

2.1 生产力与生产关系原理的表述形式

“人们在自己生活的社会中发生一定的、必然的、不以他们的意志为转移的关系，即同他们的物质生产力的一定发展阶段相适合的生产关系。这些生产关系的总和构成社会的经济结构，即有法律的和政治的上层建筑树立其上并有一定的社会意识形态与之相适应的现实基础。物质生活的生产方式制约着整个社会生活、政治生活和精神生活的过程。不是人们的意识决定人们的存在，相反，是人们的社会存在决定人们的意识。社会的物质生产力发展到一定阶段，便同它们一直在其中运动的现存生产关系或财产关系（这只是生产关系的法律用语）发生矛盾。于是这些关系便由生产力的发展形式变成生产力的桎梏。那时社会革命的时代就到来了。随着经济基础的变更，全部庞大的上层建筑也或慢或快地发生变革。在考察这些变革时，必须时刻把下面两者区别开来：一种是生产的经济条件方面所发生的物质的、可以用自然科学的精确性指明的变革，另一种是人们借以意识到这种冲突并力求把它们克服的那些法律的、政治的、宗教的、艺术的或哲学的，简言之，意识形态的形式。我们判断一个人不能以他对自己的看法为依据，同样，我们判断这样一个变革时代也不能以它的意识为根据；相反，这个意识必须从物质生活的矛盾中，从生产力和生产关系之间的现存冲突中去解释。无论哪一个社会形态，在它所能容纳的全部生产力发挥出来以前，是绝不会灭亡的；而新的更高的生产关系，在它的物质存在条件在旧社会的胞胎里成熟以前，是决不会出现的。所以人类始终只提出自己能够解决的任务，因为只要仔细考察就可以发现，任务本身，只有在解决它的物质条件已经存在或者至少是在生成过程中的时候，才会产生。大体说来，亚细亚的、古代的、封建的和现代资产阶级的生产方式可以看作是社会经济形态演进的几个时代。资产阶级的生产关系是社会生产过程的最后一个对抗形式，这里所说的对抗，不是指个人的对抗，而是指从个人的社会生活条件中生长出来的对抗；但是，在资产阶级社会的胞胎里发展的生产力，同时又创造者解决这种对抗的物质条件。因此，人类社会的史前时期就以这种社会形态告终。"①

在上面这段话中，马克思生动地描述了历史唯物主义两个最基本的命题：一是生产力决定生产关系，生产关系反作用于生产力；二是经济基础决定上层建筑，上层建筑反作用于经济基础。在这两个命题中，前者即生产力与生产关系原理又更为重要。但是对于这个基本命题，马克思在其著作中没有使用固定的表达方式，而是根据具体需要，采取灵活多样的表达方式。总的来说，存在以下两种表达方式：

第一种表达方式是生产力决定生产关系。例如："人们在发展生产力时，即在生活时，也发展着一定的相互关系；这些关系的性质必然随着生产力的改变和发展而改变。"② 又如："这难道不是说，生产方式、生产力在其中发展的那些关系并不是永恒的规律，而是同人们及其生产力发展的一定水平相适应的东西，人们生产力的一切变化必然引起他们的生产关系的变化吗？"③

第二种表达方式是生产力决定生产方式，生产方式决定生产关系。如："随着新生产力的获得，人们改变自己的生产方式，而随着生产方式的改变，他们便改变所有不过是这一特定生产方式的必然联系的经济关系。"④ 又如："社会关系和生产力密切相连，随着新生产力的获得，人们改变自己的生产方式，随着生产方式即保证自己生活

① 《马克思恩格斯选集》，第2卷，人民出版社1995年版，第32～33页。
② 同上，第4卷，人民出版社1972年版，第325页。
③ 同上，第1卷，人民出版社1972年版，第119页。
④ 同上，第4卷，人民出版社1972年版，第322页。

的方式的改变，人们也就会改变自己的一切社会关系。”[①][②]

生产力和生产关系原理是马克思主义唯物史观和政治经济学的基本原理，对于这样一个无比重要的问题，马克思关于它的表述却存在不同的形式，而且每一种表述并非偶然出现，而是在多处均有使用，这两种表述之间是否存在矛盾和冲突呢？要正确回答这个问题，不能拘泥于问题的表述形式，而是应该深入到每一表述的本质。下文将通过对生产力、生产方式、生产关系三个概念内涵的辨析来回答这一问题。

2.2　生产力与生产关系原理基本概念辨析

2.2.1　什么是生产力

关于生产力最简单的回答是，生产力是人们改造和利用自然的能力。在肖前主编的《历史唯物主义原理》中，生产力被定义为，“人们在劳动过程中形成的解决社会和自然之间矛盾的实际能力，是改造自然和影响自然并使之适应社会需要的客观物质力量。”[③] 在赵家祥等主编的《历史唯物主义原理》中，生产力被定义为，“人力利用自然、改造自然，从自然获取物质资料的能力。”[④] 既然生产力是人类进行生产活动的能力，那是什么决定了这种能力的大小，也就是生产力的决定因素是什么？为了回答这个问题，先研究一下生产力的构成。一种观点是，生产力由劳动者、劳动资料和劳动对象构成，这种

① 《马克思恩格斯选集》，第1卷，人民出版社1972年版，第108页。

② 关于生产力—生产方式—生产关系原理，还可以参见吴易风：《马克思的生产力—生产方式—生产关系原理》，载于《马克思主义研究》1997年第2期。陈勇勤：《马克思〈生产力—生产方式—生产关系原理〉的疑问和修正》，载于《南京社会科学》2008年第1期。

③ 肖前：《历史唯物主义原理》，人民出版社1991年版，第98页。

④ 赵家祥：《历史唯物主义原理：新编本》，北京大学出版社1992年版，第102页。

观点源于斯大林的“两要素论”。斯大林指出，“用来生产物质资料的生产工具，以及用一定的生产经验和劳动技能来使用生产工具、实现物质资料生产的人，所有这些因素共同构成社会的生产力。”① 中国学术界自20世纪50年代以来，通过对生产力范畴的争论，逐渐地形成了生产力的“三要素论”，即认为生产力包括三个因素：人、劳动工具和劳动对象，并且强调人是生产力最重要的因素。但是也有学者不认同这种说法，认为劳动者、劳动资料和劳动对象是马克思关于劳动过程构成要素的说法，而不是关于生产力构成的说法。马克思讲过，劳动过程的三个简单要素是：“有目的的活动或劳动本身，劳动对象和劳动资料。”关于生产力的构成，马克思说，“我们把劳动力或劳动能力，理解为人的身体及活的人体中存在的体力和智力的总和。”② 因此有人认为，生产力是由人的体力和智力构成。劳动资料和劳动对象是不是生产力应该辩证地看待这个问题。马克思说过，“机器是一种生产力。”③ “各种经济时代的区别，不在于生产什么，而在于怎样生产，用什么劳动资料生产。劳动资料不仅是人类劳动力发展的测量器，而且是劳动借以进行的社会关系的指示器。”④ 如果把生产力看作是人的劳动的一种潜在的能力，那这种能力只能存在于人的身体内部，任何外在的东西只能是这种能力的表现和结果，而不是这种能力本身。但是，马克思也说过，“生产力当然始终是有用的具体的劳动的生产力，它事实上只决定有目的的生产活动在一定时间内的效率。”⑤ 在这段论述中，生产力显然并不特指人的潜在能力，而是指决定劳动效率的一切因素，在这个意义上，机器当然是一种生产力，因为不同的生产工具必然产生不同的劳动效率。

① 《斯大林文选（1934～1952年）》，人民出版社1985年第1版，第218页。
② 《马克思恩格斯全集》第23卷，人民出版社1972年版，第202、190页。
③ 同上，第4卷，人民出版社1958年版，第163页。
④ 同上，第23卷，人民出版社1972年版，第204页。
⑤ 同上，第23卷，人民出版社1972年版，第59页。

对于什么是生产力不能拘泥于文字表述的形式，否则就会陷入文字游戏之中。而且，不能就生产力本身谈论生产力，应该在生产力、生产关系矛盾运动中来把握生产力的内涵。在 1846 年 12 月 28 日《致巴·瓦·安年科夫》的信中，马克思对生产力做了这样的阐述："人们不能自由选择自己的生产力——这是他们的全部历史的基础，因为任何生产力都是一种既得的力量，以往的活动的产物。所以，生产力是人们的实践能力的结果，但是这种能力本身决定于人们所处的条件，决定于先前已经获得的生产力，决定于在他们以前已经存在、不是由他们创立而是由前一代人创立的社会形式。单是由于后来的每一代人所得到的生产力都是前一代人已经取得而被他们当作原料来为新生产服务这一事实，就形成了人们的历史中的联系，就形成人类的历史，这个历史随着人们的生产力以及人们的社会关系愈益发展而愈益成为人类的历史。"[①] 从这段论述中至少可以看出两点：（1）生产力是一种既得的力量，对任何一代人来说，它都是客观的、不能选择的、必须作为他们即将开始的新的生产的前提接受下来的东西。唯物史观是唯物主义在历史领域的运用，生产力与生产关系原理是哲学中物质与意识、客观与主观原理在历史领域的具体体现。在这个意义上，任何能够影响劳动过程效率的客观因素都可以称为生产力。因此，马克思说，"土地本身是生产的（就使用价值来说），本身是活的生产力（具有使用价值或用来生产使用价值）。"[②] 在这里，不仅劳动资料，作为劳动对象的土地也是生产力。土地的生产力是一种外在的力量，它不能看作是人的能力的一部分，但它是生产力，因为它是影响劳动过程的客观力量。按照这样的思路，生产力应该是影响劳动效率的一切客观条件的统称。（2）马克思强调了生产力的历史特性，指出生产力是人们历史活动的产物，是人们的实践能力的结果。这把

① 《马克思恩格斯全集》第 27 卷，人民出版社 1972 年版，第 477～478 页。
② 马克思：《剩余价值理论》第 3 册，人民出版社 1975 年版，第 542 页。

生产力与人类的活动、与人的劳动、与人联系起来了，使生产力成为能指示人类历史发展阶段的指示器。在影响人的劳动的一切客观因素中，有的与人的劳动历史没有明显的联系，而是表现出相对的独立性，比如自然气候条件。但有的因素与人类的劳动历史有着直接的、显著的联系，带有明显的人的历史的印记，以致它们的历史成为人的历史的一部分，比如生产工具。也正是在这个意义上，在生产力的诸要素中，马克思赋予生产工具高于一切的地位。

生产工具之所以能使自己与其他因素区别开来，成为生产力发展水平的测量器，是因为它是人类所掌握的科学、技术和知识的载体，否则它和作为一般原料的钢铁没有任何区别。分析至此，可以看出，生产力包括很多要素，人的体力和智力是生产力，生产工具是生产力，土地是生产力，甚至人的劳动处于其中的自然环境也是生产力。比如，气候温暖地区和气候寒冷地区人们的生产关系不一样，高山地区和平原地区人们的生产关系也会不一样。气候条件和地理条件会影响一个地区的生产，从而影响人们的生产关系，所以，气候和地理条件也是生产力的构成因素。但是，这些都不是生产力的主要构成因素。只有科学技术是第一生产力，这不但因为科学技术的影响力在劳动过程中表现得最明显，而且是因为科学技术的历史与人的劳动的历史最具有相关性和联系性，最能指示人的历史的发展阶段。

2.2.2 什么是生产方式

生产方式在目前流行的历史唯物主义教科书中被定义为：生产力和生产关系的统一。①② 这一定义在马克思的有关论述中是找不到根

① 杨长福：《关于政治经济学研究对象的几点商榷》，载于《经济研究》1981 年第 1 期。

② 奚兆永：《究竟如何理解马克思所说的“生产方式”》，载于《当代经济研究》1998 年第 4 期。

据的，而且还同他的一些著名论断相冲突。先来看马克思的一段相关论述："对资本主义的生产方式的科学分析却证明：资本主义生产方式是一种特殊的、具有独特历史规定性的生产方式；它和任何其他一定的生产方式一样，把社会生产力及其发展形式的一定阶段作为自己的历史条件，而这个条件又是一个线性过程的结果和产物，并且是新的生产方式由以产生的现成基础；同这种独特的、历史规定的生产方式相适应的生产关系，——即人们在他们的社会生活过程中、在他们社会生活的生产中所处的各种关系，——具有独特的、历史的和暂时的性质。"① 这段论述表明，生产方式是与生产力和生产关系并列的、具有自己独特含义的历史唯物主义范畴。生产方式不同于生产力，因为它以生产力为基础；生产方式也不同于生产关系，因为生产关系是要同它相适应的。那么，生产方式本身的含义又是什么？

马克思指出："绝对剩余价值的生产只同工作日的长度有关，相对剩余价值的生产使劳动的技术过程和社会组织发生革命。因此，相对剩余价值的生产以特殊的资本主义生产方式为前提。"② 这段话表明，马克思认为资本主义生产方式的采用意味着劳动的技术过程和社会组织会发生变革，因此，在马克思看来，生产方式包括劳动的技术过程和社会组织两个方面。马克思还说道，"必须变革劳动过程的技术条件和社会条件，从而变革生产方式本身，以提高生产力……"③ 这里所说的技术条件和技术过程指的是劳动者使用何种生产资料进行生产；这里所说的社会组织或社会条件指的是劳动者在何种组织形式下进行生产。可见，生产方式是劳动者在一定的技术条件下进行劳动的组织形式，是劳动者之间的结合方式。为了使生产方式与生产力区别开来，使这一概念具有独特的内涵，就必须强调生产方式的社会组

---

① 《马克思恩格斯全集》第25卷，人民出版社1972年版，第993页。
② 马克思：《资本论》第1卷，人民出版社2004年版，第583页。
③ 《马克思恩格斯全集》第23卷，人民出版社1972年版，第202页。

织含义。为什么在谈到生产方式时，马克思也把技术条件包含在内，这是因为技术条件也即生产力是生产方式的前提，任何生产方式必然是以特殊的生产力为前提的生产方式。在内涵上，生产方式要成为区别于生产力的一个独特概念，它就应该特指在特殊的劳动资料条件下，劳动者之间特殊的结合方式。

无论对于个人还是社会，要发展只有两个问题，一是要努力，二是要讲究方法。方法包括生产工具本身和怎样使用工具两个方面。对于个人来讲，怎样使用工具就是个人怎样与工具结合，就是个人的技巧。对于社会来讲，怎样使用工具除了每个人自身怎样与工具结合，还包括人与人之间在技术上怎样结合，也就是生产方式。个人的生产力由生产工具和个人的技巧决定，社会的生产力由生产工具和生产方式决定。事实上，生产工具和使用生产工具的方法是不可分的，在历史上，在过程上，它们总是一起发展起来的。任何一种生产工具在发展过程的一开始就必然地、内在地要求着一种怎样使用它的方法，生产工具发展完善的过程，同时就是与其相应的使用方法发展完善的过程，当然包括与其相适应的生产方式发展完善的过程。个人的生产工具离开了使用者的技巧不能充分展示它的生产力性质，同样社会的生产工具离开了与之相应的生产方式也不能充分展示它的生产力性质。社会的生产方式是一人世界中的个人技巧在多人组成的社会中的自然扩展，它们在性质上是一样的，都体现一种物质的、自然的要求。

生产方式作为生产过程中劳动者之间的结合方式，必然体现了人与人之间的关系，但这种关系不是一般意义上的生产关系。人与人之间的关系包含两个方面，一是被抽象掉利益追求而得到的纯粹“技术人”之间的劳动作业关系，这种关系体现了人与人之间的技术关系，体现了劳动过程中人与人之间在技术意义上的合作与依赖。在这种关系中的人，指的是自然属性的人，生理、物质意义上的人。二是指具有社会属性的人与人之间的关系，这里的人是追求个人利益的人。这种关系体现了人与人之间在物质条件有限情况下的利益冲突。

如果说生产力对应着自然科学技术，那生产方式就对应着人的行为组织技术。在此处没有使用管理技术这一概念，是因为管理活动具有二重性，一方面它是集体行动的技术上的需要，是劳动过程的一种特殊职能，它体现的是被抽象掉社会属性的劳动者之间的关系。管理在这里只是劳动过程社会化的产物，一切较大规模的共同劳动都或多或少地需要指挥，以协调个人的活动，这就如同一个单独的提琴手是自己指挥自己，一个乐队就需要一个乐队指挥。仅从劳动过程来看，作为管理者的资本家与作为被管理者的工人之间的关系只是少数肩负特殊职能的劳动者同大多数一般劳动者的关系。在这种意义上，管理属于生产方式。另一方面，管理者和被管理者具有不同的权力和地位，这时候，管理作为一种剥削的手段，体现了人与人之间的社会关系。此时，管理不再是共同劳动的技术上的需要，而是变成影响与控制利益分配的手段。从这一方面看，管理体现了生产关系。所以，把生产方式与行为组织技术对应起来，以区别一般意义上的管理。

2.2.3　什么是生产关系

马克思对生产关系概念的使用非常灵活，但在一般意义上，生产关系是指人与人在生产过程中结成的社会关系。对于生产关系，马克思曾有一段论述，“任何时候，我们总是要在生产条件的所有者同直接生产者的直接关系——这种关系的任何形式总是自然地同劳动方式和劳动社会生产力的一定发展阶段相适应——当中，为整个社会结构，从而也为主权和依附关系的政治形式，总之，为任何当时的独特的国家形式，找出最深的秘密，找出隐蔽的基础。”① 这里所说的同

① 《马克思恩格斯全集》第25卷，人民出版社1972年版，第891～897页。

劳动方式和劳动社会生产力的一定发展阶段相适应的生产条件的所有者同直接生产者的关系，就是生产关系。马克思对生产关系的划分是以生产条件的所有制为主要依据。

所有制是生产关系中最根本、最具决定性的东西，但不是生产关系唯一的、全部的内容，鲁品越对生产关系在新形势下的内容作了详细分析。他指出，生产力以生产人们的物质利益为目的，而生产出的利益的有限性，必然导致人们围绕经济利益而发生种种冲突与合作。因此，生产关系实质上是人们在自己生活的社会中发生的一定的、必然的、不以他们的意志为转移的经济利益关系。经济利益是生产关系的灵魂，它贯穿在生产关系全过程，构成生产关系的三大要素：第一是围绕利益之母即社会的生产性资源而形成的生产资料所有制及其实现形式；第二是围绕生产管理活动而形成的人们在生产中的权力与地位关系；第三是围绕生产出来的物质利益而形成的分配方式。这三个要素的核心是人们追求的经济利益。如果抽掉经济利益，由不知道追求自身利益的“技术人”去进行社会劳动，所形成的只能是作为生产力的劳动作业关系，而绝非生产关系。[①] 可见，生产关系是围绕经济利益而展开的，它的起因是利益的有限性或资源的稀缺性，它体现的是人与人之间的利益对抗和冲突。与此相对，在生产方式中，人与人之间的关系是技术上的合作与依赖。关于构成生产关系的三大要素：所有制、权力地位关系和分配方式，在西方现代企业理论中与之对应的分别是：所有权、控制权、索取权。这三者在根本上是一致的，所有权是根本，控制权和索取权不过是所有权的延伸。有了所有权，才有最终的控制权，而控制也并非是为了控制而控制，它不过是保证索取权的手段而已。索取权通过积累效应又影响未来时期的所有权的分配状况。生产关系主要通过所有权的配置状况来体现，它决定

① 鲁品越：《生产关系理论的当代重构》，载于《中国社会科学》2001 年第 1 期。

了生产过程中成员间的权力地位关系以及在劳动成果上的分配关系。

生产关系的根本问题是生产资源的稀缺和生产力水平的有限，如果生产资源绝对充足或是生产力无限发达，那么关于生产关系的一切规定就失去意义。生产关系的核心是人们追求的经济利益，如果抽掉经济利益，由不知道追求自身利益的“机器人”去进行社会劳动，所形成的只能是作为生产力的劳动作业关系，而绝非生产关系。因此，在生产过程中，能够影响人们经济利益的一切规定都属于生产关系范畴。大到一个社会的所有制，小到一个企业的工资福利规定，都是生产关系的构成。

最后，可以总结得出：生产力是任一时点上影响劳动过程效率的一切客观因素的统称，它体现人与自然的关系，主要表现为自然科学技术；生产方式是一定生产力条件下，人与人之间在劳动过程中形成的技术上的关系，主要表现为在使用社会生产力的过程中人与人之间在技术上的分工协作关系；生产关系是人与人之间围绕经济利益分配而形成的社会关系，主要表现为生产资料所有权在社会成员间的分配。

上述所阐明的生产力、生产方式、生产关系的含义，或许可以通过一个具体的例子得到更具感性的展现。对于耕地这一劳动，人可以有两种劳动形式：一是使用锄头作为生产工具，每个单独的个人使用一把锄头独立地劳动，同时每一个人独自占有自己耕地的劳动成果。二是使用耕犁作为生产工具，此时一个单独的个人无法进行劳动，需要两个人分工协作共同使用一副耕犁协同劳动。对于劳动成果，因为是他们协同劳动的成果，他们需要商定一种分配方式。在这个例子中，生产工具在第一种劳动形式中表现为锄头；在第二种劳动形式中表现为耕犁。生产方式在第一种劳动形式中表现为每一个人单独地使用一把锄头分开、独立劳动，他们之间在劳动时间、空间上没有协调关系；生产方式在第二种劳动形式中表现为两个人共同使用一副耕犁在同一时间同一地点协同劳动，由于技术上的需要，或多或少地有一个人要指挥另一个人的劳动，比如在后面掌握犁地方向和深度的人要时不时地指挥在前面拉犁的人的走向和用力大小，但这种指挥仅仅是技术上的需要，没有任何社会属性上的尊卑贵贱之分。在生产方式中的人都是被抽象掉利益追求的超人格的技术人。生产关系在第一种劳动方式中表现为每个人独立拥有自己使用的锄头，独立占有自己耕地的成果；在第二种劳动形式中，生产关系表现为二人共同拥有他们使用的耕犁，或者一个人独自拥有，另一个人只是付出劳动，同时根据耕犁的所有权的配置来决定对耕犁的使用和维护，以及他们在协同劳动中谁指挥谁。此时，他们之间的关系不再仅仅是技术上的关系，每一个人也不再是超人格的技术人，而是追求个人利益，希望少付出多分配的社会人。指挥不仅仅是技术需要，同时变为一个人控制剥削另一个人的手段。根据在所有权和分配协议中的不同地位，每一个人也许不再像独立劳动时那样勤奋努力，而是有可能怠工偷懒。剥削、控制、偷懒，以及分配过程中可能的谈判或欺骗行为，都是生产关系的表现，都是有个人利益追求的人的非生产行为。

2.2.4 生产力、生产方式、生产关系的辩证关系

在明确了生产力、生产方式、生产关系的含义之后，重新回过头来看本节开始提出的问题：生产力和生产关系的原理为什么存在不同表述形式，它们之间是否矛盾？

经过上文的分析可以看出，生产力、生产方式、生产关系三个概念是有相对独立性的，它们分别对应着劳动过程的不同因素，分别从不同的角度刻画劳动过程的特征，它们共同决定了作为分析对象的劳动过程。在这三者中，生产力是最客观的，他描述的是自然界中物与物以及人与物之间物理的、化学的纯粹技术的关系，面对这些关系，

人的主观性没有一点作用空间，只能是发现并适应这些关系。生产方式以既有的生产力为条件，描述了人与人的技术结合关系。如果人把自己看作是与自然相对的，即使是从纯粹物质的角度来看也是与自然不一样的存在形式，那么生产方式与生产力的区别就是有意义的，因为它们描述的是不同的关系（一个描述的是物与物以及人与物的关系，另一个描述的是技术人与技术人之间的关系），虽然这些关系与人与人之间的社会关系比较起来都是技术上的关系。如果把人的社会属性抽象掉，只保留人的技术的、物质的属性，从而把人看作自然的一部分，那么生产力与生产方式的区别就没有实质意义，而只有形式上的意义，这个时候它们的区别就像是生产力内部不同的技术之间的区别一样只是形式上的。在实际上，它们都是描述自然中不同的物与物的关系（作为自然的一部分的技术人也是一种物）。此时，生产力与生产方式就没有区别，生产方式就是生产力，生产力就是生产方式。任何一个单独的概念都可以代表原来独立的两个概念分别对应的因素之和。这时候，生产力和生产方式完全合二为一，生产力对生产方式的决定关系以及生产方式对生产力的适应关系，就成为同一范畴内部的关系。生产关系描述的是人与人之间的社会关系，它与生产力和生产方式之间的区别比生产力和生产方式之间的区别大很多。这是类型上的区别，生产力和生产方式描述的都是技术关系，生产关系描述的是社会关系。

分工协作关系作为生产方式的一种表现，在必要时可以看作与生产力、生产关系不同的独立范畴，也可以归为生产力范畴，因为与生产力一样，它也体现了劳动过程的技术关系。① 但是，不能把分工协作归为一般意义上的生产关系范畴，这不符合马克思的原意。许多人

---

① 关于分工是生产力还是生产关系的讨论，可以参见杨琪、吴练达：《分工是生产力还是生产关系》，载于《广西社会科学》2008年第1期。鲁品越：《生产关系理论的当代重构》，载于《中国社会科学》2001年第1期。张闻天：《关于生产关系的两重性问题》，载于《当代思潮》1995年第2期。周志山：《马克思分工理论的社会关系向度分析》，载于《理论探讨》2003年第6期。

之所以把分工归为生产关系范畴，是因为他们认为正是分工造成了人与人之间的不平等和阶级对立。这是一种表面现象。分工只有在与私有制结合时，才造成不平等和阶级对立。原始共同体内部的分工以及未来的共产主义社会内部也有分工，但这种分工只是自然的劳动过程的分割，并不必然造成人与人之间社会属性上的不平等和对立。

如果要对人的社会劳动做最具体的刻画，就需要三个概念：生产力、生产方式、生产关系，而且它们的关系是，生产力决定生产方式，生产方式决定生产关系。如果用简化的形式来表达上面的关系就会得到，生产力决定生产关系或生产方式决定生产关系。此时，无论是生产力还是生产方式都代表上式中生产力和生产方式之和。生产力是体现在生产方式中的生产力，生产方式是以一定生产力为条件的生产方式。它们都描述了劳动过程中总的技术关系。由此看来，马克思对生产力、生产关系原理的不同表述形式在本质上是一致的，它们之间没有矛盾。在不同的地方，由于不同的具体需要，马克思采取了不同的表达形式。读者不应拘泥于表述的形式上，而应从本质上把握生产力、生产关系原理的内在机理。

为了分析需要同时为了简化表达，以后文中提到这一原理时，将一律采用第一种形式：生产力决定生产关系，生产关系反作用于生产力。但是要明确，这里的生产力不仅包括以自然科学技术为代表的原来意义上的生产力，也包括以劳动过程中的行为组织技术为代表的生产方式。

2.3 对生产力与生产关系原理的论证

2.3.1 马克思对生产力生产关系原理的历史论证

生产力决定生产关系，生产关系反作用于生产力。对于这一唯物史观的基本命题，马克思主要采用的是历史论证的方法，即通过对历史演进过程的考察来论证。马克思详细地考察了历史上各种生产关系演变的过程，然后指出在这种变化的背后，根本的推动力量是生产力的发展。所有制是马克思区分生产关系最重要的标志，根据劳动者本人与其在劳动过程中与之结合的劳动条件的所有关系，可以将生产关系划分为前资本主义生产关系、资本主义生产关系，以及未来作为资本主义替代物的共产主义三大类型。①

1. 前资本主义生产关系

其特征是直接生产者本身是生产资料的所有者，生产资料所有者本身也是直接生产者，生产者和生产资料所有者集于一身。前资本主义生产关系包括三种形式。

（1）第一种是部落共同体所有制。这种以土地公有制为基础的形式，本身可能以十分不同的方式表现出来。①亚细亚的所有制形式。在这里，财产仅仅是作为公社的财产而存在，“单个成员本身只是一块特定土地的占有者，或者是继承的或者不是继承的，因为财产的每一小部分都不属于任何单独的成员，而属于作为公社直接成员的人，也就是说属于同公社直接统一而不是同公社分开的人。因此，这种单个人只是占有者。”②古代的所有制。“公社财产——作为国有财产、公有地——在这里是和私有财产分开的。”即一部分土地作为公有地由公社成员共同占有，另一部分土地则分别属于公社每一家庭。③日耳曼的所有制形式。与前两者不同，在这里，土地基本上属于每一家庭。固然，在日耳曼公社也有一些不同于个人财产的公有地，如猎场、牧场、采樵地等，但这些公有地仅仅表现为个人财产的补充，或者说，表现为个人所有的公共财产。在日耳曼公社，“个人

① 段忠桥：《对生产力、生产方式和生产关系概念的再考察》，载于《马克思主义研究》1995 年第 3 期。

土地财产既不表现为同公社土地财产相对立的形式，也不表现为以公社土地财产为媒介。而相反，社会只是在这些个人土地所有者本身的相互联系中存在着。公社财产本身只表现为各个个人的部落住地和所占有土地的公共附属物。”① 但无论在那种部落所有制形式下，直接生产者同时都是生产资料的所有者，生产资料的所有者同时也都是直接生产者。

（2）第二种是由部落所有制发展而来的奴隶制和农奴制。马克思指出：“以部落体（共同体最初就归结为部落体）为基础的财产的基本条件就是：必须是部落的一个成员。这就使这个部落所征服的或制服的其他部落丧失财产，而且使它沦为这个部落的再生产的无机条件之一，共同体是把这些条件看作归自己所有的东西。所以，奴隶制和农奴制只是这种以部落体为基础的财产的继续发展。”奴隶制和农奴制的出现自然会使原来的部落所有制发生改变，但它们却没有导致部落体成员同其劳动的客观条件的分离。马克思说：“在奴隶制和农奴制依附关系中，没有这种分离；而是社会的一部分被社会的另一部分简单地当作自身再生产的无机条件来对待。奴隶同自身劳动的客观条件没有任何关系；而劳动本身，无论采取的是奴隶的形态，还是农奴的形态，都是作为生产的无机条件与其他自然物同属一类，是与畜生并列的，或者是土地的附属物。”② 这里所说的“没有这种分离”的含义是：一方面，从部落体成员的角度来看，他同其生产的客观条件的关系并没有因为奴隶和农奴的出现而发生改变，所不同的只是，归部落体成员所有的生产的客观条件现在不仅包括无机的生产资料，如土地、工具等，而且包括被当作生产的无机条件、当作活的劳动力来对待的奴隶和农奴；另一方面，从奴隶和农奴的角度来看，也不存

① 《马克思恩格斯全集》第 46 卷上册，人民出版社 1979 年版，第 478、475、482 页。

② 同上，第492、488 页。

在生产者同其生产的客观条件的分离问题，因为从社会关系的意义上看，他们并不是生产者，而是为他人所有的、同其他生产的客观条件并列的活的生产资料。他们使用生产资料就如同马拉车、牛耕地一样。

（3）第三种是由部落体所有制发展而来的行会所有制和自耕农的小土地所有制。前者表现为生产者同时也是生产工具的所有者，后者表现为生产者同时也是小块土地及少量生产资料的所有者。

前资本主义生产关系本身可以细分为多种具体的生产关系，从总体上看，这些生产关系的共同特征是生产者和生产资料所有者集于一身，但在具体的实现形式上，每一种具体的生产关系又各不相同。在部落共同体所有制内部，亚细亚的所有制形式表现出完全的公有制性质，古代的和日耳曼的所有制表现出公有制与不同程度的私有制的结合。古代的所有制以公有制为主，私有制为补充；日耳曼的所有制则是以私有制主，公有制为补充。由部落所有制发展而来的奴隶制和农奴制，以及后来的行会所有制和自耕农的小土地所有制，则表现出更多地私有制成分。生产关系的不同表现及其发展，是以生产力状况的不同及发展为条件的，由公有制向私有制的每一步前进，都是以更高的生产力发展状况为条件，是生产力的不同和变化引起生产关系的不同和变化。

2. 资本主义生产关系

其特征是直接生产者同生产资料相分离，即直接生产者本身不是生产资料的所有者，生产资料的所有者本身不是直接生产者。生产者同生产资料的结合是通过工人向资本家出卖自己的劳动力实现的。

资本主义生产关系是由对立的两极构成：一极是占有全部生产资料的资本家，另一极是除了自身的劳动力以外一无所有的工人。这里需要指出，工人同资本家的关系与奴隶和农奴同其所有者的关系有着本质的不同。这表现在，“在奴隶制关系下，劳动者属于个别的特殊的所有者，是这种所有者的工作机，劳动者作为力的表现的总体，作为劳动能力，是属于他人的物，因而劳动者不是作为主体同自己的力的特殊表现即自己的活的劳动活动发生关系。在农奴依附关系下，劳动者表现为土地财产本身的要素，完全和役畜一样是土地的附属品。在奴隶制关系下，劳动者只不过是活的工作机，因而它对别人来说具有价值，或者更确切地说，它是价值。对于自由工人来说，他的总体上的劳动能力本身表现为他的财产，表现为他的要素之一，他作为主体掌握着这个要素，通过让渡它而保存它。”① 这也就是说，由于工人是自由的劳动者，是自己的劳动力的所有者，因而从社会关系的角度来看，他和生产资料所有者即资本家之间的关系是一种人与人的关系；而奴隶和农奴同其所有者之间的关系从社会关系的角度来看却是“物”与人的关系，因为奴隶和农奴本身就是“物”，是属于他人的活的生产资料。这里还需指出，作为生产资料所有者的资本家有时也参加生产活动，但却不能因此把资本家也视为生产者，因为他的劳动与工人的劳动有本质的不同。马克思指出：“在一切社会制度中，占统治地位的阶级（或一些阶级）总是占有劳动的物的条件的阶级，因此，这些条件的承担者，即使在他们劳动的场合，他们也不是作为劳动者，而是作为所有者从事劳动，……”② 这就是说，即使资本家参加了某种生产活动，但这并不改变他们的资本家的身份，也不改变他同工人的关系。

资本主义生产关系是由前资本主义生产关系发展而来的。马克思说：“自然界不是一方面造成货币的所有者或商品的所有者，而另一方面造成只是自己劳动力的所有者。这种关系既不是自然史上的关系，也不是一切历史时期所共有的社会关系。”前边已经表明，前资

① 《马克思恩格斯全集》第46卷上册，人民出版社1979年版，第462~463页。

② 同上，第47卷，人民出版社1982年版，第146~147页。

本主义生产关系的本质特征就在于劳动力所有权和生产资料所有权是合一的。由此，我们就可以比较容易地理解，为什么马克思一再强调，“创造资本关系的过程，只能是劳动者和他的劳动条件的所有者分离的过程，这个过程一方面使社会的生活资料和生产资料化为资本，另一方面使直接生产者转化为工人。”① 资本主义生产关系形成的过程同时也就是前资本主义解体的过程。

由前资本主义生产关系变为资本主义生产关系，以及资本主义自身的发展变化也是以生产力的发展为条件的。运输和信息传播技术的发展使市场需求扩大，扩大的市场需求会引起对更高的生产效率的要求。为了实现更高的生产效率，分散、独立的小生产变为在集中的场所由同一资本雇佣指挥的协作生产。生产工具自身的发展也导致了所有者的分化，生产工具越复杂、越专业化，购买工具所需要的资本越多，对较大规模的单一资本的要求就越高，就越需要资本向少数所有者的集中。生产资料由简单工具变为大机器更是加速了资本向少数人的集中。生产者与生产资料分离的资本主义生产关系，适应了生产力的要求，因此，促使生产力能够更快更高地发展。不断发展的生产力又反过来要求资本主义生产关系自身不断向更高更完善的形式发展。

3. 共产主义生产关系

其特征是在高度发达的生产力基础上重新实现直接生产者和生产资料所有者的统一。

马克思认为，资本主义生产关系既不是从来就有的，也不会永远存在下去。它将被共产主义生产关系所取代。对于共产主义生产关系具体是什么样的，马克思没有做详细论述，而只是大体上勾画出了它的一般特征。他说，“从资本主义生产方式产生的资本主义占有方

---

① 《马克思恩格斯全集》第 23 卷，人民出版社 1972 年版，第 192、782 ~ 783 页。

式，从而是资本主义的私有制，是对个人的，以自己劳动为基础的私有制的第一个否定。但资本主义生产由于自然过程的必然性，造成了对自身的否定。这是否定的否定。这种否定不是重新建立私有制，而是在资本主义时代的成就的基础上，重新建立个人所有制。”① 这表明，未来的共产主义生产关系将会重新实现直接生产者和生产资料所有者的统一，但是在更高的生产力基础上的新的统一。

在未来的共产主义社会，私有制将被消灭，但不是简单地退回到原始的公有制。在原始社会，自然环境非常恶劣，生产力极其落后，物质资料极其匮乏，为了生存，社会成员不得不共同占有生产资料。但是在共产主义社会，生产力水平将会高度发展，物质资料非常充分，社会成员各尽所能，按需分配。如果说原始公有制是在生产力水平极低的状况下，社会成员为了生存不得不进行的选择；那么在共产主义社会重新建立的公有制，则是高度发展的生产力要求进行社会化大生产的需要，是社会成员为实现更高的生产效率自愿结成的对生产资料的占有形式。共产主义社会的共同占有制度，是以生产力高度发展为前提，不是生产资料贫乏的内在要求，是生产资料充分满足的自然结果。

马克思详细地考察了资本主义以前的生产关系，以及资本主义生产关系随着这些关系的解体逐渐形成并获得发展的历史过程。马克思并不是在写一本历史著作，他对历史过程的考察是理论分析的需要。通过对生产关系的历史的考察是为了发现表面的生产关系更替背后根本的推动力量，马克思说，“只要更仔细地考察，同样可以发现，所有这些关系的解体，只有在物质的（因而还有精神的）生产力发展到一定水平时才有可能。”② 因此可以看出马克思认为，生产关系发展变化的根本原因是生产力水平的发展。通过这种方式，马克思发现

① 《马克思恩格斯全集》第 23 卷，人民出版社 1972 年版，第 832 页。
② 同上，第 46 卷上册，人民出版社 1979 年版，第 505 页。

生产关系的变化是由生产力的变化引起的，也就是说生产关系的状况是由生产力水平的状况决定的。通过这种方式，马克思证明了生产力对生产关系的决定作用。

2.3.2　科恩对生产力生产关系原理的功能主义解释

生产力、生产关系原理包括两个部分：一是生产力决定生产关系，二是生产关系反作用于生产力。马克思的历史论证的方法赋予生产力在这一原理中的首要性地位，强调了生产力对生产关系的决定性作用，使得生产力在与生产关系的矛盾运动中更加表现出能动性。但是，这样做的一个直接的结果是弱化了生产关系的能动性，使生产关系处于被动地位，以致有的批评者把马克思的唯物史观看作是技术决定论。[①] 为了弥补马克思在这一原理解释上的弱点，分析马克思主义学派的创立者和代表人物之一 G. A. 科恩对这一原理提供了一种功能主义的解释，作为对生产力与生产关系原理的一种辩护。

对生产力与生产关系原理的功能主义解释是这样的："流行的生产关系之所以会流行，原因就在于它是促进生产力发展的生产关系。现存的生产力水平决定什么样的生产关系提高其水平，那类提高其水平的生产关系就流行起来。换句话说，如果 K 类型生产关系流行，那是因为就现存的生产力水平来看，K 类型生产关系适合这一生产力的发展。"[②] 这样的解释和马克思的历史论证法相反，它强调了生产关系的能动性，指出一种生产关系之所以流行，是因为在某一生产力水平下，相对其他可能出现的生产关系，这种流行起来的生产关系更加能够适应当前的生产力水平。这等于是说，在生产关系之间存在一

---

① G. A. 科恩：《卡尔马克思的历史理论——一种辩护》，段忠桥译，高等教育出版社 2008 年版，第 177 页。

② Cohen，G. A.：*History*，*Labour and Freedom*，Oxford University Press，1988，P10.

种竞争过程，最终流行起来的生产关系是经历了战胜、淘汰其他可能的生产关系之后才出现的。在一种旧的生产关系逐步解体的过程中，可能会出现多种而不仅仅是一种萌芽状态的生产关系，但是最后将只有一种生产关系战胜其他生产关系在典型形态上获得发展，成为在整个社会中占据主导地位的生产关系。这种生产关系之间的竞争和淘汰过程，为生产关系展示自己的能动性创造了空间和平台。

科恩不同意把马克思的历史理论看作技术决定论，在对这种‘污蔑’进行反驳时，科恩说道："人们可能注意到这样一个问题：在马克思看来，就历史过程，更具体地讲就未来的社会主义革命是不可避免的而言，它的不可避免性不是任凭人们可能做什么，而是因为可预见的作为理性的人必定去做什么。"[①] 可见，在某一既定生产力水平下，某一生产关系出现的必然性、不可抗拒性是从理性的人必然会选择那种最能促进生产力发展的生产关系这种意义上而言的，而不是说一种生产力必然地、机械地只能对应一种生产关系。总之，生产力对生产关系的"决定"是一种适应性决定，而不是一种产生性决定。[②]

科恩对马克思的生产力、生产关系原理所作的补充，是一种哲学意义上的、方法论意义上的补充，它指出了必须通过说明生产关系的功能来解释生产力和生产关系之间的对应关系。但是，在生产关系怎样适应生产力这一过程的机理上，科恩没有做出进一步的说明。在这一点上有一种理论做得非常出色，这就是西方新制度经济学中使用的比较制度分析。比较制度分析用经济学的语言清楚地说明了在既定的技术条件下，不同的制度（生产关系）选择会对实际的经济活动带来不同的效率，强调了制度（生产关系）在经济活动演进中的重要性和能动性。这正是本书下一章所要探讨的主要内容。

---

① G. A. 科恩：《卡尔马克思的历史理论——一种辩护》，段忠桥译，高等教育出版社 2008 年版，第 177 页。

② 宋朝龙：《社会生产方式的二重结构——技术决定论批判》，经济管理出版社 2007 年版，第 101～108 页。

第3章

交易成本与比较制度分析

交易成本这一概念由科斯在1937年发表的《企业的性质》一文中提出，此后受到科斯研究的启发和激励，许多关于企业和制度的理论先后发展起来，这些理论有时候被统称为交易成本经济学或新制度经济学。新制度经济学把企业或国家等组织看作是一种制度，他们认为制度的主要功能是节约交易成本，一种制度能不能替代另一种制度就看它能不能使交易成本更小。与马克思强调技术的决定性作用形成对比，新制度经济学强调制度的重要性，他们采用比较制度分析方法，[①] 阐明不同制度选择对经济绩效的重要性。

本章共分三节：3.1节对交易成本概念内涵的演变进行了总结，这是因为交易成本虽然是新制度经济学的核心概念，但是有关它的含义却一直模糊不清，从来没有在经济学界取得一致；3.2节对交易成本的含义做了新的界定，并提出了一条简单易行的判定交易成本的法则；3.3节首先综述了新制度经济学使用的比较制度分析方法，然后指出了这种方法存在的缺点：片面强调制度的作用，忽视或排斥掉了技术在经济演变中的作用。

---

① 关于比较制度分析，参见青木昌彦：《经济体制的比较制度分析》，中国发展出版社1999年版；《比较制度分析》，上海远东出版社2001年版。

3.1 交易成本概念的演变

3.1.1 微观视角的定义

1. 科斯对交易成本的定义

在《企业的性质》一文中，科斯首次提出交易成本概念。科斯说，“市场的运行是有成本的，通过组成一个组织，并允许某个权威（一个企业家）来支配资源，就能节约某些市场运行的成本。”这里所说的市场运行的成本就是交易成本。然而，尽管科斯一直认为《企业的性质》对经济学最重要的贡献是“明确地将交易成本概念引入经济分析”，但是在这篇文章里，他没有给交易成本下一个明确的定义。关于交易成本具体包括哪些成本，科斯认为，“通过价格机制‘组织’生产的最明显的成本是所有发现相对价格的成本。”然后，“市场上发生的每一笔交易的谈判和签约的费用也必须考虑在内。”再者，“在某些市场中（如农产品交易）可以设计出一种技术使契约的成本最小化，但不可能消除这些成本。”最后，“利用价格机制也存在着其他不利因素（或成本）。”例如，在签订长期契约时，“由于预测方面的困难，有关物品或劳务供给的契约期越长，实现的可能性就越小，从而买方也不愿意明确规定出要求缔约对方干什么。”① 在1960年发表的《社会成本问题》一文中，科斯对交易成本作了一般化的说明，“为了进行市场交易，有必要发现谁希望进行交易，有必

① Ronald H. Coase, “The Nature of the Firm”, *Economica*, (4), 1937.

要告诉人们交易的愿望和方式，以及通过讨价还价的谈判缔结契约，监督契约条款的严格履行等。这些工作常常是花费成本的，而任何一定比率的成本都足以使许多在无需成本的定价机制中可以进行的交易化为泡影。”在1991年的诺贝尔奖演说中，科斯对交易成本是这样界定的，“谈判要进行，契约要签订，监督要实行，解决纠纷的安排要建立，等等。这些费用后来被称为交易成本。”①

综合看来，科斯对交易成本的界定是围绕交易过程展开的，交易成本包括与交易有关的一切活动引起的成本，包括为交易进行准备的活动，如搜集相关的价格信息、确定潜在的交易对手等；交易过程中的活动，如讨价还价、签订契约等；为保证契约严格实施进行的活动，如督促、监督等。关于科斯对交易成本的界定需要指出两点：（1）科斯所说的交易成本是指由交易活动引起的成本，只有交易活动发生了才有交易成本，交易活动没有发生就没有交易成本。至于潜在的有利于社会的交易，因各种原因而实际没有进行所导致的资源配置偏离最优配置所造成的损失，并不是交易成本，至少科斯在每次说到交易成本的含义时没有涉及这一点。（2）科斯所说的交易成本是指交易活动由价格机制或市场机制协调时产生的成本，并非所有交易活动引起的成本都是交易成本。比如，科斯认为企业内部也有交易活动，但他没有称呼这些成本为交易成本，而是称之为组织成本或行政成本。因此，在科斯那里，交易成本有着较窄但是比较明确的含义，就是特指用价格机制协调市场交易所需要付出的成本。

2. 威廉姆森对交易成本的定义

威廉姆森把交易成本区分为签订合同之前的交易成本和签订合同之后的交易成本。“前者是指草拟合同，就合同内容进行谈判以及确

---

① 科斯：《论生产的制度机构》，盛洪、陈郁译，三联书店上海分店1994年版，第157、355页。

保合同得以履行所付出的成本。”“签订合同之后的成本有以下几种：（1）不适应成本，即当涉及青木昌彦所说的‘合同变更曲线’（1983）即交易行为逐渐偏离了合作方向，造成交易双方互不适应的那种成本；（2）讨价还价成本，即如果交易双方想纠正事后不合作的现象，需要讨价还价造成的成本；（3）建立及运行成本，即为了解决合同纠纷而建立治理结构（往往不是法庭）并保持其运行，也需要付出成本；（4）保证成本，即为了确保合同中各种承诺得以兑现所付出的那种成本。”①

根据威廉姆森对交易成本的直接描述，并结合他的整体分析思路，可以看出，他的交易成本包括科斯的交易成本，但是在此基础上包括了新的内容。与科斯相同的是，威廉姆森的交易成本也包括契约签订之前准备的成本，谈判并签订契约的成本，契约签订之后保证契约得以履行的成本，而且威廉姆森区分了事前的保证成本和事后的保证成本。

除此之外，威廉姆森重点考虑了契约偏离规定方向、甚至破裂后需要采取措施引起的成本，以及这种偏离或破裂造成的损失。在他所讲的事后交易成本里，（1）、（2）、（3）点都是这种成本的体现。在威廉姆森的分析中，资产专用性是一个核心概念，他特别指出，对于资产专用性很强的交易，如果用市场治理，那么由于人的机会主义行为，契约很容易偏离合作方向引起双方的冲突和纠纷，并可能因为矛盾得不到解决而导致专用性资产被闲置，这将造成非常严重的损失。这一点在威廉姆森的分析中占有极其重要的位置，在威廉姆森看来，资产专用性是造成较高的交易成本的主要原因，他甚至认为，“资产专用性对于交易成本经济学的重要性无论怎样强调都不过分。”② 如

① 奥利弗·E·威廉姆森：《资本主义经济制度》，段毅才、王伟译，商务印书馆2004年版，第33、35页。

② 同上，第83页。

果没有资产专用性，对于一般的市场交易引起的交易成本不会特别的高，并不足以导致企业出现。这是威廉姆森对科斯交易成本概念的第一个发展。

另外，威廉姆森把引起交易成本的交易由市场扩展到企业内部。有些在科斯那里称之为组织成本或行政成本的成本，威廉姆森也把它们纳入了交易成本的范畴。在科斯那里，企业代替市场意味着组织成本代替交易成本，但在威廉姆森的分析中，是低的交易成本代替高的交易成本。治理结构的选择就是交易成本与交易成本的比较，这是威廉姆森对科斯交易成本概念的第二个发展。

综合来看，在交易成本的内涵上，虽然威廉姆森在科斯基础上有了新的发展，但在整体上，威廉姆森仍然是继承科斯的思路，这表现在，和科斯一样，威廉姆森也是以交易为核心，通过对交易过程中发生的活动的分析来定义交易成本。

3. 哈特对交易成本的定义

哈特对交易成本的内涵也作了新的发展。他认为剩余控制权的配置结构将影响交易双方在事前对这一交易进行投资的积极性。"在一个存在交易成本和不完全合同的世界，事后剩余控制权将十分重要，因为它们通过对资产用途的影响，影响交易关系中事后的谈判力量和事后盈余的分配。这一盈余分配又影响双方投资于这一关系的激励。"① 如果因为剩余控制权的不合理分配，导致某些专用于该交易的事前投资没有得到实施，由此造成的损失也属于交易成本。与威廉姆森相反，哈特强调的是资产专用性引起的事前激励。哈特和威廉姆森对交易过程的分析都越过了在市场上进行物品或劳务交易这一活动本身的界线，而是已经延伸到生产交易物品所需的投资活动。一个向

① 路易斯·普特曼、兰德尔·克罗次纳：《企业的经济性质》，王经伟译，上海财经大学出版社2003年版，第463页。

前延伸到专用投资的事前激励，一个向后延伸到已经进行的专用投资的利用问题。

4. 代理理论对交易成本的定义

代理理论对劳动交易做了具体的分析。阿尔钦和德姆塞茨分析了团队生产中的偷懒行为。詹森和麦克林通过对雇主和雇员间代理合同的分析，说明了三种代理成本：委托人的监督支出、代理人的保证支出和剩余损失。[①] 剩余损失是指资源的实际配置偏离最优配置而造成的损失。所有这些成本也被纳入了交易成本的范畴。

以上学者对交易成本概念的认识，因各自分析的需要，其所强调的侧重点也有所不同，但他们之间并没有矛盾，是一种互补的关系，他们的观点一起丰富了交易成本的内涵。而且，他们有一个共同之处，就是继承科斯的思路，以交易活动为核心，通过对交易过程中不同阶段所可能发生的活动的分析来定义交易成本。除了他们之外，其他许多学者也是沿袭这一思路来定义交易成本。比如，达尔曼指出，交易过程存在三个阶段，与此相应，也存在交易成本的三种不同类型：寻求信息费用、讨价还价和决策费用、监督和执行费用。马修斯的简明定义是，交易成本包括事前准备合同和事后监督及强制合同执行的费用，与生产费用不同，它是履行一个合同的费用。[②]

3.1.2 整体视角的定义

科斯等人对交易成本的定义是从对交易过程中相关活动的分析进行的，这是一条微观角度的思路。张五常对交易成本的定义是从一个

① 路易斯·普特曼、兰德尔·克罗次纳：《企业的经济性质》，王经伟译，上海财经大学出版社2003年版，第227～261、409页。

② 卢现祥、朱巧灵：《新制度经济学》，北京大学出版社2007年版，第156页。

新的角度，即从整体的角度进行的。先来看看张五常对交易成本定义的几段文字："在最广泛的意义上，交易成本包括所有那些不可能存在于没有产权、没有交易、没有任何一种经济组织的鲁滨逊克鲁索经济中的成本。这样定义，交易成本就可以看作是一系列制度成本，包括信息成本、谈判成本、拟定和实施契约的成本、界定和控制产权的成本、监督管理的成本和制度结构变化的成本。简言之，包括一切不直接发生在物质生产过程中的成本。""在最广泛的意义上，所有不是由市场看不见的手指导的生产和交换活动，都是有组织的活动。这样，任何需要经理、主任、监督者、管理者、实施者、律师、法官、代理人，或甚至中间人的活动安排，都意味着组织的存在。这些职业在鲁滨逊经济中是不存在的，给他们的工作支付的工资，就是交易成本。"①"广义上，交易成本是鲁滨逊的一人世界不可能有的成本。这个定义是我在1969年提出来的：没有人反对过，但引用的人不多。这个定义很广泛，因为在一人世界中不可能有商人、律师、法庭、银行、公安、经纪、经理、公务员等。这些行业都是因为交易成本的存在而存在，而这些行业的成本都是交易成本。"②

张五常的交易成本概念有两个特点：（1）张五常的交易成本概念不再围绕交易活动展开，而是从整体的角度去把握。以交易活动为核心展开的交易成本概念对于某些特殊的制度分析来说恰当的，但是交易成本概念要在广义制度分析中仍能作为核心概念，就必须在原来的狭窄含义的基础上进行扩展，因为如张五常所说，"问题是，好些制度费用——交易成本——与明显或直接的交易扯不上关系。例如中国在'文革'期间，男女老幼天天拿《毛主席语录》背诵，付出的时间费用奇高，在一人世界中是不会出现的，算是交易成本，但究竟

① 张五常：《经济组织与交易成本》，载于《经济解释：张五常经济论文选》，商务印书馆2000年版，第407～408页。

② 张五常：《经济解释》，花千树出版有限公司2001年版，第101页。

是在做什么交易就不明显了。又例如，我家的大门装了锁，是防盗的，其费用在一人世界也不会存在，应该作为交易成本，但交易也是不明显的。”张五常的交易成本概念比沿着科斯的思路发展的交易成本概念有了本质上的扩展。（2）张五常的交易成本概念力求从制度的根源角度去把握，他认为，“从广义的角度看，制度是因为有交易成本而产生的，所以交易成本应该称为制度费用。这一点，科斯是同意的，但交易成本一词是科斯在1937年首先提出的，其后在1960年的一篇后来变得家喻户晓的宏文中，他旧词重提，落地生根，要改也改不了了。”一人世界不需要制度，制度是用来协调人与人的关系的，制度只存在于由多人组成的社会中。所以，制度成本，从而，“交易成本永远是两个人或更多的人之间的关系而产生的。”① 这样，我们就不难理解为什么张五常把交易成本定义为鲁滨逊的一人世界不可能有的费用。

沿着科斯思路发展的交易成本概念主要用于分析微观层次的市场交易，不适合于对一个社会整体层面的制度分析。张五常把一些与直接的市场交易没有明显联系，而是由于整体层面的制度因素造成的成本也纳入交易成本范畴，使得交易成本概念也适合于广义的制度分析。但是张五常把鲁滨逊一人世界不可能有的所有成本都称为交易成本，这使得交易成本的含义变得太宽泛，失去了针对性，因此招致大量批评。张五常虽然认识到了交易成本在根源上是由人与人之间的关系造成的，但是他没有区分人与人之间的技术关系和社会关系。后者引起的成本才适合称为交易成本，前者引起的成本属于生产成本，不适合称为交易成本。

---

① 张五常：《经济解释》，花千树出版有限公司2001年版，第102、104页。

3.2　本书对交易成本的一个新的定义

长期以来，交易成本处于一种非常尴尬的位置。一方面，它在不同的场合被不同的人频繁用来解释各种各样的问题；另一方面，有相当多的人对其提出批评，认为其内容含糊，似是而非，对它的使用已经到了滥用的程度。例如，耶鲁大学的一位教授揶揄说，“猴子为什么要上树？当然是交易成本嘛!”[①] 交易成本要摆脱这种尴尬地位，就必须被赋予恰当的含义，既不能太窄，也不能太宽。由于这个缘故，也由于这一概念在本书分析中的重要性，笔者认为有必要对它做一个新的定义。

3.2.1　制度的概念

给任何概念下一个适当的定义将取决于分析的目的。交易成本乃新制度经济学的核心概念，是判别制度好坏、进行制度选择的标准和依据。为此，必须先分析制度的概念。

最先对制度的一般含义做出规定的是旧制度学派的凡勃伦。他在《有闲阶级论》一书中指出，“制度，实质上就是个人或社会对有关的某些关系或某些作用的一般思想习惯，而生活方式所构成的是某一时期或在社会发展的某一阶段通行的制度总和。因此，在心理学方面可以把它概括地说成是一种流行的精神状态或流行的生活理论。说到底，可以归纳为性格上的一种流行类型。至于经济制度，就是在社会

---

① 单伟健：《交易成本经济学的理论、应用及偏颇》，载于汤敏、茅于轼主编：《现代经济学前沿专题》（第1集），商务印书馆1989年版，第67页。

的生活过程中接触到它处的物质环境如何继续前进的习惯方式。"[①]凡勃伦在这里所讲的制度实际上指的是道德观念、风俗习惯以及意识形态等对人们的行为所产生的约束，相当于新制度经济学所讲的非正式制度的内容。他所讲的"一般思想习惯"、"流行的精神状态"、"流行的生活理论"等概念，实际上就是规范个人行为的各种规则。旧制度经济学的另一代表人物康芒斯从集体行动的角度来定义制度，他在《制度经济学》一书中指出，"如果我们要找出一种普遍的原则，适用一切所谓属于制度的行为，我们可以把制度解释为集体行动控制个体行动。集体行动种类和范围很广，从无组织的习俗到那许多有组织的所谓运动中的机构，例如家庭、公司、控股公司、同业协会、工会、联邦储备银行以及国家，大家所共有的原则或多或少是个体行动受集体行动的控制。"[②] 因此，康芒斯认为制度是集体行动约束个人行动的一套准则或规则，它们指出个人能或不能做，必须这样或不这样做，可以做或不可以做的事情，由集体行动使其实现。

舒尔茨为制度下的定义是，"我将一种制度定义为一种行为规则，这些规则涉及社会、政治及经济行为。例如，它们包括管束结婚与离婚的规则，支配政治权力的配置与使用的宪法中所包含的规则。"[③] 舒尔茨的定义实际上与康芒斯的定义是一脉相承的。

诺斯曾经多次给制度下定义，在《经济史中的结构与变迁》中他认为，"制度是一系列被制定出来的规则、守法秩序和行为道德、伦理规范，它旨在约束主体福利或效应最大化利益的个人行为。"[④]在《制度、制度变迁与经济绩效》一书中又指出，"制度是一个社会的游戏规则，更规范地说，它们是为决定人们的相互关系而人为设定

① 凡勃伦：《有闲阶级论》，蔡受百译，商务印书馆 1964 年版，第 139 页。

② 康芒斯：《制度经济学》，于树生译，商务印书馆 1962 年版，第 87 页。

③ 舒尔茨：《制度与人的经济价值的不断提高》，载于《财产权利与制度变迁——产权学派与新制度学派译文集》，陈剑波译，上海三联书店 1994 年版，第 253 页。

④ 诺斯：《经济史中的结构与变迁》，陈郁译，上海三联书店 1991 年版，第 226 页。

的一些制约。”[①] 诺斯的定义表明，制度是约束个人行为的规则，起着规范人的行为的作用。

除以上定义外，还有很多人对制度做出过定义，如柯武刚和史漫飞在其《制度经济学》中就对制度给出了如下定义，“制度是广为人知的、由人创立的规则，它们的用途是抑制人的机会主义行为，它们总是带有某些针对违规行为的惩罚措施。”[②] 这个定义与前面的定义在本质并无区别。

总结以上的制度定义可以看出，制度是为了实现集体利益而制定的一系列约束个人行为的规则。为什么为了实现集体的利益就要对个人的行为进行约束呢？这是因为个人利益并不是任何时候都是与集体利益一致的，当二者存在矛盾和冲突时，为了多数人的利益就要对个人的行为进行约束。所以，制度存在的原因是个体利益与集体利益的矛盾，制度的作用就是协调个体的行为以最大限度地增进集体的利益。一方面，制度的作用是协调个体间的利益矛盾；另一方面，制度的功能是节约交易成本。因此，交易成本要成为比较制度分析的核心概念，要与制度对应起来，就必须指向那些由于人与人的利益冲突而引起的成本。

3.2.2 为什么生产方式不属于制度范畴

马克思在他的理论中没有使用制度这一概念，但通过制度的定义可以看出，它与马克思的生产关系概念是一致的，而且马克思所说的政治的、法律的上层建筑和意识形态也属于制度的范畴。马克思对经济活动的分析表明，影响经济活动效率的因素可以分为：生产力、生

① 诺斯：《制度、制度变迁与经济绩效》，刘守英译，上海三联书店1994年版，第3页。

② 柯武刚、史漫飞：《制度经济学》，韩朝华译，商务印书馆2000年版，第116页。

产方式、生产关系。在现代经济学中与之对应的是自然科学技术、行为组织技术、制度。前面二者分别体现人与自然的关系、被抽象掉社会属性的技术人与技术人的关系，制度体现人与人的社会关系。这里需要指出一点，马克思所说的生产方式不属于制度范畴，因为它体现的是人与人之间的技术关系，而制度体现的是人与人之间的社会关系。生产方式体现人们作为一个集体在共同面对自然时，在技术上的结合方式。它不体现人与人之间的利益矛盾关系，而是体现人与人之间在生产过程中怎样分工协作的技术关系。

制度要代表一人世界与多人社会的不同性质就不能包括生产方式这种体现技术要求的东西，只能是指人与人的社会关系，即马克思所说的生产关系。努力程度的选择在个人世界也是一个技术问题，所以在鲁滨逊世界里，一切都是技术问题。但在多人组成的社会里，每个人努力程度的选择除了鲁滨逊世界里考虑的客观因素，还要考虑社会共同劳动的成果在个人之间怎样分配的问题，这就是制度因素。在一人世界，多劳一定多得，但在多人世界里，多劳不一定多得，这取决于制度安排。总之，在一个社会中，制度决定着每个人的积极性和努力水平，技术决定着这个社会的潜在生产力水平，潜在的生产力在多大程度上转化为实际的生产力，取决于制度。积极性指的是生产的、劳动的积极性，如果一个人也很努力，但他是在努力犯罪，努力偷懒，那在生产的意义上他的积极性就是负值。在鲁滨逊式的一人世界里，所有矛盾都是人与自然的矛盾，即一切问题都是技术意义上的，在那里不存在监督、偷懒、欺诈等非生产行为。但是，在多人组成的社会中，监督、偷懒、欺诈等非生产行为时常存在，这是因为个体之间存在利益分配的矛盾。制度作为组织或社会特有的范畴，它的含义要有针对性就必须指向组织中特有的问题，即人与人的利益矛盾。生产方式是组织中的技术问题，它与个人世界中的技术问题没有本质区别，只是形式上的不同，二者反映的都是技术意义上的客观规律。

3.2.3　一个新的交易成本定义

为了精确定义交易成本，需要想象一个理想的世界。假设在这个理想世界中，每个人不追求个人利益，所有人都以集体产出最大化为目标，因此，每个人都诚实、守信，都积极努力工作，从不偷懒。在这个理想世界中，为实现一定的产出目标，社会成员选择使用他们所知道的最先进的生产工具，结成他们能想到的最有效的生产方式，这个时候他们投入的成本（包括人力、物力）是在他们的知识水平允许的范围内在技术上所能达到的最小成本。任何能达到更小成本的生产过程都在他们的能力范围之外。这个在一定的知识水平下，能够达到的最小成本，就叫做技术成本或生产成本。现在让我们回到现实的世界。每一个人都由技术人变为现实的人，因此，他们的目标由集体利益最大化变为个人利益最大化。为了个人的利益，他们可能隐瞒信息、欺骗别人，他们可能不守信用，他们可能不再努力工作而是经常偷懒，他们甚至可能不工作，而是去偷窃、抢夺别人的劳动成果。相应地，有人为了防止被偷窃、抢劫不得不减少投入直接生产中的时间，等等。一切对于实现既定的产出目标在客观上、技术上并非必要的活动都可能发生，而且有许许多多在事实上发生了。因此，在这个现实世界中，为实现同样的目标所付出的成本，一定大于在理想世界中需要的成本。这些多出来的成本，就是由于人们是社会人而不是技术人的原因造成的，是因为个人利益与集体利益不完全一致造成的，是因为有一部分社会资源没有被投入生产活动，而是被用于交易活动（也许用政治活动一词更好，因为政治活动一词更能表达这些活动的非生产性和阴谋性质）造成的，这些成本就称为制度成本或交易成本。

生产成本是完成某一产出的最小成本，在人们发现新的自然科学技术和行为组织技术之前，要降低这一成本是不可能的，它超出了人们在当前的能力范围。因此，技术成本是客观的。但是交易成本不同，对于交易成本，只要每个人都愿意，他就可以降低，在理论上甚至可以设想它降为零。经济理论所要分析的是怎样在限制条件下谋求利益最大化。如果把效率定义为人们采取了在一定的限制条件下他们所知道的最优行为，那么交易成本的存在就是无效率的唯一原因。如果某个人因为不知道的缘故而采取了错误的行为，那么这不算是无效率，因为信息结构也属于限制条件之一，说因为不知道的缘故而发生了无效率是没有意义的。但是交易成本可以造成无效率，因为交易成本的原因，人们确实放弃了一些他们所知道的客观限制条件之内本来可以做得到的更好的选择。无效率指的就是知道怎样可以做得更好，但实际上却没有那样做。在这个意义上，交易成本是无效率的唯一原因。如果把交易成本也当做限制条件之一，那就真的如张五常所说，“无效率的发生是不可思议的事情”，人们怎么可能放弃他已知道的更好的选择呢？在鲁滨逊世界里，无效率一说没有任何意义。

称作生产成本是表明这些成本都用于了生产活动。生产一词在这里是指有意义的、有价值的活动，它包括生产、交换、分配，不仅仅是狭义的生产概念。物质转换的过程、把物品从一个地方搬运到另一个地方、为了生产社会最需要的产品而获取必要的信息、拿着自己的产品去交换别人生产的产品等等，这些都属于生产活动，因为这些活动都是为了克服自然状态的限制，都是利用自然增进社会福利所必须的。称作交易成本是表明这些成本是由交易活动引起的。交易一词与交换不同。交换是分工这一生产方式的内在要求，它是一个人把自己生产的产品拿给别人同时拿回自己需要的产品的自然的、物质的过程，在理想世界中这一过程也是需要的，只要人们选择分工生产。交易与分工没有必然的联系，共同体内部成员之间互换产品就是一个单纯的交换过程，没有交易性质。私有制社会内成员之间互换产品就既是交换过程，又是交易过程，因为还涉及所有权的转移。但是交易并不必然与所有权转移有关，只要社会成员之间因为彼此的影响而进行了生产所不需要的活动，交易活动就发生了。因此，在一个没有产权规定的世界，广义的交易活动仍然会发生。例如，丛林世界中的攻击与防御活动。所以，交易在此是指自然的劳动过程中一切在技术上不必要的活动。它是一个贬义词，代表着阴谋、不诚实，非生产性质。对雇主来说，雇员的偷懒行为是阴谋；对雇员来说，雇主的一切监督措施同样是阴谋，立场不同而已。使用交易成本是迫不得已，如张五常所言，这一概念已经深入人心，改变它很难，对它赋予新的恰当的涵义是唯一能做的。

根据这一新的定义以及上述所做的阐述，可以得到一条简单的但是精确的判断某一成本是不是交易成本的法则：只需考察活动主体，当他的利益与其他成员的利益完全一致时，他是否还会进行同样的活动。如果会，那么这一活动就属于生产活动，由此引起的成本就是生产成本；如果不会，那么这一活动就属于交易活动，由此引起的成本就是交易成本。

总之，根据其是否能够增加一个社会或集体的共同产出（包括产品和服务），人的一切活动可以分为两类：生产活动和交易活动。生产活动是创造性质的，它能够使社会的整体产出变得更多。这类活动主要与社会所掌握的关于自然科学技术和行为组织技术的知识有关。交易活动是非创造性质的，它主要是用来改变社会整体的产出在个人之间的分配关系，并不能使社会的整体产出增加，在很多时候甚至是减少了社会的整体产出。这类活动主要与社会的制度安排有关，制度决定着人们把自己掌握的各种要素用于生产活动还是交易活动。与生产活动有关的成本称为生产成本，与交易活动有关的成本称为交易成本。

3.2.4 新定义的一些应用

根据以上的新的交易成本定义，一些围绕交易成本概念展开的争论可以得到解决。

（1）企业家的工资是不是交易成本？马克思早就指出管理具有二重性。企业家活动的一部分是承担作为集体行动的技术性需要的指挥功能，比如根据市场需求安排生产计划，协调企业内部不同部门间的生产活动，组织相关技术人员解决生产过程中发现的质量问题等等。这些活动在企业成员之间不存在利益矛盾时也是需要的，它们是生产的技术性需要，因此，这部分活动引起的是生产成本。企业家还有一部分职能，就是监督下属员工的活动，甚至会花费很多时间设计怎样有利于自己的分配机制，这些在企业成员利益完全一致的时候是不需要的，因而它们是交易活动，这些活动所引起的成本属于交易成本。所以，现实社会中，企业家的工资有一部分是生产成本，有一部分是交易成本。

（2）商人的工资是不是交易成本？如果他是一个诚实守信的商人，他的出发点是根据自己掌握的信息帮助货物在不同部门、不同地区间更好的流通，那他的工资就全部是生产成本，不包含一点交易成本在内。但如果他在上述那么做的同时，为了自身利益极力欺骗供应商和客户，甚至囤积居奇、投机倒把，破坏货物的顺畅流通，那他的工资就包含一部分交易成本。所以，商人的工资是交易成本，并不是因为他是商人，而是因为他是奸商。

（3）一切不直接发生在物质生产过程中的成本都是交易成本？张五常认为，“一切不发生在直接的物质生产过程中的成本都是交易成本。”前面已经分析过，交换过程中发生的成本，比如运输成本，就是生产成本，不是交易成本，但运输就不是直接的物质生产过程。

但这并不是说，一切发生在直接的物质生产过程中的成本就不是交易成本？制造大炮和坦克是直接的物质生产过程，制造保险箱和监控器也是直接的物质生产过程，但在社会成员间不存在利益矛盾时，这些活动都是不需要的。因此，为这些活动支付的工资都是交易成本。这些生产人员不是阴谋家，但他们却在无意中参与了阴谋家发起的阴谋活动。事实上，如亚里士多德所说，“人天生是政治动物”。政治活动不仅仅发生在政府部门，它发生在一切有人的地方，如集市、企业、学校、家庭和办公室等，都有政治活动发生。因此，在一定程度上，人人是阴谋家，每个人的工资里都包含一部分交易成本，每个人的活动中都有一部分是交易活动，无论他是什么职业，在什么部门工作。交易成本存在的根源只能在人的因素里寻找，一切客观因素只会是影响它的大小，不会决定它的存在与否。

(4) 交易成本就是制度的运行成本？这样考虑，如果不订立制度就不存在制度运行、制度变迁问题，也就不存在交易成本。实际上，交易成本不是制度存在、运行的结果，而是制度存在的原因。在没有制度的丛林世界交易成本最高，正是交易成本一开始就存在，才需要订立制度来降低交易成本。制度的订立、运行、变迁都需要成本，但它不是交易成本存在的原因，制度的存在是以一种低的交易成本替代一开始就存在的较高的交易成本。交易成本就是制度的运行成本，这种说法听起来非常形象，因此被到处引用。然而，殊不知它是误导人的。之所以没有人反对，是因为它非常含糊，似是而非。

(5) 交易成本存在是因为信息不完全？不完全信息这一概念与有限理性和不确定性在一定程度上是一回事，是从不同角度看问题。为什么存在不确定性，原因就是人们掌握的信息不充分，人们为什么不能获得充分的、完全的信息，又是因为人的理性是有限的。博弈理论已经很好地证明，即使在完全信息下，人与人之间的不合作行为仍会发生，最经常使用的例子就是囚徒困境。[①] 在这个例子中，不合作不是因为信息不完全，而是因为人们互不相信，是因为人的机会主义倾向。信息不完全只是为人的机会主义行为提供了更多的空间，使人的机会主义行为发生得更多，但它不是机会主义行为的原因。机会主义行为根源于人与人之间的利益矛盾，事实上，如果人们的利益是完全一致的，无论信息多么不完全都不会发生机会主义行为。

3.3 比较制度分析

3.3.1 制度在经济理论中被长期忽视

经济增长理论始于凯恩斯革命。20 世纪 30 年代末哈罗德—多马模型强调经济增长主要依赖于资本积累，比如储蓄、投资。因此，在 20 世纪 40 年代和 50 年代，经济学家主要强调积累资本对于经济增长的重要性。在 20 世纪 50 年代，经济学开始不满于狭隘地以资本积累来解释经济增长过程，他们提出了国民生产函数的概念，这个概念反映着资本、劳动、技术一类投入与预期产出量之间的一种关系。当时的研究人员假定，所有的生产要素投入都具有正的，但却是递减的规模收益。后来，经济学家不再从一个既定生产函数的角度来思考，而是认识到更先进的技术能够提升生产函数水平，这意味着更好的技术有可能使既有的资本量和劳动量被转化成更多的产出。20 世纪 60 年代起，探索经济增长原因的经济学家们开始集中关注技术创新问题。这与 20 世纪 50 年代初一些美国经济学家在对美国经济增长的研

① 张维迎：《博弈论与信息经济学》，上海人民出版社 2004 年版，第 33 页。

究中发现的一个令人困惑的现象——美国产出的增长率远远超过了生产要素投入的增长率——有关。正如舒尔茨所说，“大量的估计结果表明，国民收入的增长比国民资源的增长要快……与用于生产投入的土地、实际劳动量和再生产性资本的数量三者结合起来的数量相比，美国国民收入持续增长的速度要快得多，而且最近几十年间，从一个商业周期到另一个商业周期，两个增长速度之差变得越来越大。”① 传统经济增长理论认为，经济增长率要和要素投入增长率相等，因为产出的增长只取决于要素数量的增加。那么，是什么导致了产出增长超过投入增长的这部分余值？许多研究者发现，技术创新和技术进步是决定这一“余值”的主要因素。索洛1957年发表的《技术变化与总生产函数》一文明确指出：从长远看，不是资本的投入和劳动力的增加，而是技术进步，才是经济增长的最根本的决定因素。在对“余值”源泉的探索中，另一种比较有影响的观点是由舒尔茨和贝克尔等提出的人力资本决定论。舒尔茨指出：“经济学家们一直面临着的一个谜就是产出增长率大大高于投入增长率。现在清楚了，这个谜主要是由我们自己造成的，因为我们使用的衡量资本与劳动的方法太狭窄了，没有把资源质量提高因素考虑在内。”在舒尔茨看来，其中一个最重要的质量因素变化就是人力资本投入的增加。据他估计，在1930～1957年间，美国劳动力的“教育资本”存量从1800亿美元增加到5350亿美元（按1956年价格计算），美国同期的经济增长有1/5是来自于教育资本存量的增加。②

上述的经济增长理论，无论是资本决定论，技术决定论，还是人力资本决定论，它们最大的不足就在于对制度和制度变迁的忽视。舒尔茨最早对新古典增长理论忽视制度这一点提出批评，他说：“新古

① Schultz, T. W., "Investment in Human Capital". *American Economic Review*, 1961, 51 (March).

② Schultz, T. W., "Reflections on Investment in Man". *Journal of Political Economy*, 1962, 70 (October).

典经济学家在陈述经济模型时的一个积习难改的特征是，他们并不提及制度。但尽管有这一疏忽，现代经济学仍在着力为制度变迁寻找理论支持。不过一个无法掩饰的事实是，他们在考虑制度问题时，分析的厨子里是空荡荡的，里面只有几个被视为无用的标有‘制度经济学’的旧盒子。”他还说：“现有的大量增长模型是将制度视为‘自然状态’的一部分，因而制度被剔除掉了。在他们看来，这些制度不会发生变迁，它们或者是外生的，或者是一个适应于增长动态的变量。”① 诺斯也对新古典经济增长理论忽视制度这一点提出了尖锐的批评，他说：新古典增长理论暗含的假设前提是“世界是和谐的，制度并不存在，所有的变化都可以通过市场的完全运行来实现。简言之，信息费用、不确定性、交易成本都不存在。”②

3.3.2 新制度经济学的比较制度分析

上文分析到新古典增长理论忽视了制度在经济发展中的作用，新制度经济学就是为弥补这一缺陷而发展起来的。新制度经济学采用比较制度的分析方法，通过分析不同的制度选择在经济效率上的不同表现，生动地展示了制度在增强经济效率方面的重要作用。根据分析的视角和侧重点不同，新制度经济学大致可以分为四个分支：交易成本理论、产权理论、委托－代理理论和新经济史理论，前三者侧重微观经济活动的分析，多数可归入企业理论的范畴，后者侧重于历史的宏观制度分析，主要从国家层面的制度着手。

1. 交易成本理论

这一理论的主要代表有科斯、威廉姆森、张五常等。科斯一向被

---

① 舒尔茨：《制度与人的经济价值的不断提高》，载于《财产权利与制度变迁——产权学派与新制度学派译文集》，陈剑波译，上海三联书店 1994 年版，第 252、255 页。

② 诺斯：《经济史上的结构与变迁》，上海三联书店 1994 年版，第 5 页。

认为是新制度经济学的开山鼻祖，在《企业的性质》一文中被首次提出的交易成本概念也成为整个新制度经济学的核心概念。《企业的性质》一文要解决的主要问题是企业为什么存在。新古典理论一向认为“正常的经济体制能够自行运行，它的日常运行不在集中控制之下，它不需要中央的监督。就人类活动和人类需要的整个领域而言，供给根据需求而调整，生产根据消费而调整，这个过程是自动的、有弹性的和反应灵敏的。”[①] 如果情况真是这样，那生产就可以完全由价格机制调节，生产就能在根本不存在任何组织的情况下进行，面对这一描述，人们不禁要问：企业为什么在现实中存在？科斯经过考察发现，“市场的运行是有成本的，通过形成一个组织，并允许某个权威（一个‘企业家’）来支配资源，就能节约某些市场运行的成本。”在这种情况出现时，企业也就出现了。因此，科斯认为，“企业的显著特征就是作为价格机制的替代物。”[②] 在科斯看来，市场和企业都是生产的协调机制，它们都有协调生产的功能，采用市场还是企业，就看谁的功能强，也就是谁的协调成本低。通过比较市场运行成本和企业组织成本的高低，也就是它们协调生产的功能的强弱，来解释企业为什么存在。这是最早的比较制度分析。

威廉姆森在科斯的基础上对交易成本理论做了较大的发展，这表现在：（1）对交易成本的决定因素进行了具体分析；（2）对企业和市场所代表的治理结构进行了更一般的分析。他指出，“与研究经济组织的其他方法相比较而言，交易成本经济学更加依靠对制度的比较分析。经济组织问题的比较研究强调的是以下基本观点：根据不同的治理结构（即治理能力及有关成本不同）来选择不同的（即有不同属性的）交易方式，可以节省交易成本。”威廉姆森认为，“区分各

① 科斯：《论生产的制度机构》，盛洪、陈郁译，三联书店上海分店 1994 年版，第 2 页。

② 同上，第 7、4 页。

种交易的主要标志是资产专用、不确定性及其发生的频率。”相应地，交易成本的大小也主要由这三个方面决定，资产专用性越强，不确定性越大，[①]交易频率越高，交易成本也会随之增加。在这三个方面中，他又认为“资产专用性是最重要的标志，也是使交易成本经济学与解释组织的其他理论相区别的最重要的特点。”资产专用性之所以是最重要的，是因为它的出现造成了“根本性转变”。在一开始，市场上有多家平等的竞争者，充分的、平等的竞争使得交易成本不会很高，但是，一旦某一家竞争者获胜，并为履行这一交易进行了专用性资产投资，格局就会发生根本性转变，以前的格局是多家供应商竞争，现在就合乎效率地转化成一种双边竞争，这种根本性转变会波及此后签约问题的方方面面。双边竞争使得交易双方处于高度相互依赖的状态，如果交易不能得到有效治理，会因为专用性资产不能得到有效利用而使交易成本变得异常高。威廉姆森认为，资产专用性增强，交易频率提高，不确定性变大都会导致治理结构由市场一端向一体化即企业一端倾斜。在市场和企业之间还有一些混合治理结构，如三方治理，双方治理。[②]在特定的不确定下，由交易频率和投资特点决定相应的交易类型和治理结构。对于某一类型的交易，不同的治理结构会产生不同的交易成本，通过比较交易成本的大小，选择有效率的治理结构可以节约成本。

张五常对交易成本理论的贡献是把企业进一步一般化，把企业和市场还原为一组契约。如他所说，“说‘企业’代替了‘市场’并非完全正确。确切地说，是一种合约替代了另一种合约。”他进一步指出，“企业是什么或不是什么并不重要，重要的是在不同的交易成本

---

① 不确定性是因为有限理性，参见赫伯特·亚历山大·西蒙（Herbert Simon）（1957年、1972年）。

② 奥利弗·E·威廉姆森：《资本主义经济制度》，段毅才、王伟译，商务印书馆2004年版，第31、78、91、113页。

下组织经济活动的各种不同方式。”[①] 最后，他认为企业的边界是“模糊”的，甚至是“不存在的”。在他看来，企业可以小到只是两个投入所有者之间的合约关系，或者如果允许合约的链条展开的话，也可以大到包括整个社会经济。[②] 在张五常看来，企业和市场以及各种中间状态都可以还原为契约，交易的不同治理方式的比较就是一种契约与另一种契约的比较。因此，企业被“契约化了”，企业变成了一种特殊的契约。[③]

2. 产权理论

阿尔钦和德姆塞茨认为，在某些生产技术条件下，联合生产的产出要大于各要素所有者独立生产的产出之和。如果团队产出超过各要素独立生产的产出之和，并且足以抵补组织和约束团队成员的成本，那么团队生产就会被采用。但是在团队生产中，各个相互合作的成员并不生产可确定的独立产品，因而无法用独立产品之和来测度总产出，所以，测度团队成员的边际劳动生产率并根据这一测度支付报酬的成本远远高于独立生产中所发生的这类成本。[④] 由于测度边际劳动生产率的高成本，与业绩较容易被测度的非团队生产的情况相比，团队成员会有更大的偷懒动机。减少偷懒行为的一种办法是由某个人专门作为监督人检查团队成员的投入绩效。但是，谁来监督监督人呢？阿尔钦和德姆塞茨认为，一种有效的办法是授予他获得团队净收入（已经扣除了对其他成员的支付之后的余额）的权利，监督活动专业化和剩余索取者地位将减少监督人在监督活动中的偷懒行为。除了拥有剩余索取权，监督人还需要拥有观察和指导团队成员活动的权利。

---

① 张五常：《经济解释：张五常经济论文选》，商务印书馆 2000 年版，第 363、364 页。

② 同上，第 374 页。

③ 林金忠：《否定企业的企业理论：企业“契约论”批判》，载于《经济学家》2003 年第 5 期。

④ 路易斯·普特曼、兰德尔·克罗次纳：《企业的经济性质》，王经伟译，上海财经大学出版社 2003 年版，第 232 页。

有权作为中心方与团队成员订立双边契约，有权改变团队中的成员资格，有权出售他所拥有的这些权力，这整个权力束构成了企业的所有权（或雇主）。所有权集中于监督者一人之手，这种安排就是古典企业。除此之外，阿尔钦和德姆塞茨还探讨了利润分享型企业、社会主义企业、公司、合伙制等其他企业形式。他们分别对应着不同的所有权分配结构，因此也具有不同的效率。巴泽尔在阿尔钦和德姆塞茨分析的基础上进一步指出，应赋予对总产出的贡献最难测度的人以剩余索取权，是其处于企业家的位置，雇佣和监督其他成员。[①] 每一种所有权分配结构代表着一种企业产权制度，不同产权安排下的企业具有不同的效率，这说明了产权制度在影响企业经营效率方面的重要功能。

在分析所有权配置结构的重要性时，与阿尔钦和德姆塞茨等人强调剩余索取权不同，哈特等人特别强调剩余控制权。由于契约是不完全的，关于某一资产如何使用、如何处置的各项权利难以在契约中一一列出，在契约中有明确说明的属于指定控制权，任何未在契约中明确说明的情况出现时，如何使用和处置资产的权力属于剩余控制权。哈特等人认为所有权就是拥有剩余控制权。而且，他们认为剩余控制权的错误配置将产生不同影响。这是因为所有权即剩余控制权将通过影响事后合作剩余的分配而影响事前的投资决策，错误的剩余控制权即所有权配置将导致事前的专用性资产投资不足，进而影响企业活动效率。对于如何选择最优的所有权结构，哈特等人通过分析给出了以下几条原则：（1）所有权应该给予其投资决策对所有权结构敏感的一方。如果某一方的投资决策对所有权结构不敏感，那么将所有权给予该方就没有激励意义。（2）所有权应该给予其投资的边际生产力较高的一方。一个组织中的普通雇员通常不会拥有重要的所有权。因

---

① Barzel，Y.，*Economic Analysis of Property Rights*. Cambridage University Press，1989.

为，他们所做的只是日常工作，通过给予这些雇员所有权来激励他们，生产率的提高是有限的。相反，把所有权给予某些高层管理者来激励他们努力工作，将会有更明显的效果。（3）资产所有权配置还取决于使用资产的专门知识为谁拥有以及这种知识的转移成本的高低。资产的生产力取决于使用资产的专门知识与所有权的匹配。一种是将知识转移给具有所有权的人，另一种是将所有权转移给掌握专门知识的人。[①] 当转移知识的成本高于转移所有权的成本时，选择有专门知识的一方作为资产所有者会更有效率。（4）高度互补的资产应该被置于共同所有权之下；而如果资产是相互独立的，它们就应该被分开拥有。由于资产严格互补，一旦投资，双方将处于互相被锁定的情况下，此时，"要挟"行为很容易发生。如果双方事前预期到这种争议，那么它们都可能不愿意做专用性投资。[②]

无论是剩余索取权，还是剩余控制权，最终都是与所有权是一致的，拥有所有权的一方将拥有剩余索取权，而且必然拥有最终控制权，这两个方面是不可分离的。剩余索取权和剩余控制权配置结构的重要性，都证明了所有权结构对企业经营效率的重要功能。

3. 委托—代理理论

代理理论源自所谓的伯利—米恩斯命题。伯利和米恩斯在1932年出版的《现代企业与私人财产》一书认为，由于美国企业大多数股权分散，企业控制权实际上掌握在经理层手中。这一结论来自他们对1929年美国200家最大的非金融企业的"经理层控制"问题的调查。[③] 后来，勒纳又调查了1963年美国200家最大的非金融公司，并

---

① 詹森、麦克林：《专门知识、一般知识和组织结构》，载于《契约经济学》，经济科学出版社1999年版，第312页。

② 段文斌等：《制度经济学》，南开大学出版社2004年版，第102～105页。

③ Berle, A. and G. Means, *The Modern Corporation and Private Property*. New York: Macmillan, 1932.

同1929年的情况做了比较，发现“管理控制型公司”不仅大量存在而且在不断增加。[①] 经理和股东的目标函数是不一致的，除了货币收入，经理往往还追求豪华办公室、高级轿车、漂亮秘书等在职消费。当经理不拥有公司股权或只有部分股权时，经理自己不承担在职消费造成的成本或只承担部分成本。因此，经理有积极性利用自己的控制权为自己争取更多的在职消费，这在客观上损害了股东的利益。这就产生了所谓的代理成本问题。

经理能够拥有控制权并利用控制权侵犯股东利益的一个重要原因是，经理拥有相对于股东的关于企业具体经营活动的信息优势。理论上来说，股东可以通过观察监督经理的行为来获取这方面的信息，但事实上这样做要么成本很高，要么技术上不可行。因此，股东有必要通过设计一定的合同条款来激励和约束经理在签约以后能够按照股东的利益行事。对最优的合同条款的设计就构成了委托—代理理论的主要内容。

在上面的“股东—经理”例子中，信息不对称发生在签约以后，这种情况称为道德风险问题。[②] 还有一种信息不对称，发生在签约以前，这种情况引起的问题称为逆向选择问题。[③] 例如，股东很难在签约以前就拥有关于经理工作技能、教育水平、从业经历等方面的完备信息，为了克服这些问题，股东同样需要设计一定的合同条款以尽可能地区别出经理实际能力的高低。对这些条款的设计也是委托—代理理论的内容。

前面讨论的情况都是规范的委托—代理理论。按照詹森的说法，代理理论可以分为规范代理理论和实证代理理论。前者探讨“在存在不确定性和不完善监督的环境中，如何设计委托人和代理人的合同

---

① 段文斌：《分工、报酬递增和企业制度》，天津人民出版社1998年版，第157页。

② 关于道德风险问题，可参考Faulkner（1960）、Dickerson（1959）和Arrow（1963）。

③ 关于逆向选择问题，请参考Akerlof（1970）、Spence（1973）和Rothschild and Stiglitz（1976）。

关系（包括报酬激励）以向代理人提供恰当的激励使他做出最大化委托人福利的决策"；[①] 后者假定上述规范问题已经解决，着重研究表明委托人和代理人之间关系的均衡合同的决定因素，其侧重点在于寻找以最小的代理成本构造可观测合同的办法。[②] 为此，这一理论也被称为代理成本理论。詹森和麦克林定义代理成本为委托人的监督支出、代理人的保证支出和剩余损失三者之和。他们分析了企业主在进行外部融资时，股票和债券两种方式分别可能引起的代理成本，以及它们之间可能的替代关系。无论是股权融资还是债务融资都会产生代理成本，这是因为融资后企业主的索取权份额减少会刺激他增加在职消费，从而造成剩余损失。监督措施和保证支出可以减少剩余损失，但只要监督成本不为零，代理成本就不能降为零。代理成本的大小取决于监督成本的性质、企业主——经理对非货币收益的偏好以及能够用个人财富买下整个企业的潜在管理者的数量。如果有足够多的百分之一百的所有者——经理拥有和经营一个（竞争性的或非竞争性的）行业中的所有企业，那么，在这一行业中，代理成本将为零。[③] 最后，企业主——经理将根据股权融资和债务融资引起的代理成本的性质决定两种融资方式在融资结构中的比例。

4. 新经济史理论中的宏观制度比较分析

前面三种理论都是从企业即微观经济的角度分析制度选择的重要性，以诺斯为代表的新经济史学派则侧重国家层面即宏观的制度分析。诺斯于 1968 年发表了《1600 ~ 1850 年海洋运输的生产率变

---

① 路易斯·普特曼、兰德尔·克罗次纳：《企业的经济性质》，王经伟译，上海财经大学出版社 2003 年版，第 410 页。

② 实证代理理论的经典论文参见：Michael Jensen and William Meckling, "Theory of the Firm: Managerial Behavior, Agency Cost and Ownership Structure". *Journal of Financial Economics*, 1976 (3), PP. 305 – 360.

③ 路易斯·普特曼、兰德尔·克罗次纳：《企业的经济性质》，王经伟译，上海财经大学出版社 2003 年版，第 432 页。

化的原因》一文，该文经过对海洋运输成本的各方面的统计分析发现，尽管这一时期海洋运输技术没有大的变化，但由于船运制度和市场制度发生了变化，例如，海运因海盗受到打击而变得安全了，保险费用减低，武装护航人员减少，结果是单位船员的载货能力提高和船速加快；其次是市场规模扩大，运输的货物总量大大提高，因此空返次数和滞港时间减少，装卸人员由港口提供，不再随船跟从，从而劳动成本降低，装卸量提高。这些制度最终降低了海洋运输成本，使得海洋运输生产力大有提高。这指出在技术没有发生变化的情况下，通过制度创新或变迁亦能提高生产率和实现经济增长。

在 1973 年出版的《西方世界的兴起》一书中，诺斯指出："有效率的经济组织是经济增长的关键，一个有效率的经济组织在西欧的发展是西方兴起的原因所在。有效率的组织需要在制度上做出安排和确立所有权以便造成一种刺激，将个人的经济努力变成私人收益率接近社会收益率的活动。"① 这里，在制度上做出安排和确立所有权即指进行制度创新，就是说，制度创新是有效率的经济组织从而是经济增长的关键。他在对欧洲经济发展的历史作了重新考察后指出，产业革命不是近代欧洲经济增长的原因，真正决定性的原因是私有产权制度的确立。这种经济增长之所以发生在欧洲某些国家，而没有发生在其他一些甚至历史文明更悠久、资源更丰富的国家，就是因为在那些国家里始终没有能够建立起一整套能够激励人们的生产性活动从而有利于经济增长的私有财产制度。现代意义上的经济增长首先发生在荷兰和英国，是因为"在这两个国家里，持久的经济增长都起因于一种适宜所有权演进的环境，这种环境促进了从继承权完全无限制的土地所有制、自由劳动力、保护私有财产、专利法和其他对知识财产所

① 诺斯、托马斯:《西方世界的兴起》，华夏出版社 1999 年版，第 5 页。

有制的鼓励措施，直到一套旨在减少产品和资本市场缺陷的制度安排。”到1700年，英格兰制度框架为增长提供了宜人的环境：产业管制衰减和行会权利下降促进了劳动流动和经济活动的创新；合股公司、存款银行、保险公司降低了资本市场交易成本，鼓励了资本流动；更重要的是，议会的最高权威和纳入共同法中的财产权利，把政治权力赋予那些渴望开拓新机会的人，并且为保护和鼓励生产性活动的立法体系提供了基本框架。

3.3.3 比较制度分析方法的不足

科斯通过引入交易成本概念把新古典经济学研究的理想的经济世界还原为现实的经济世界，对许多经济现象做出了更具说服力的解释，这对新古典经济学是一个重大补充。① 交易成本经济学把交易看作是基本的分析单位，使用比较制度分析方法，对组织交易的不同制度进行比较，证明制度选择对经济效率的影响。到目前为止，交易成本经济学的比较制度分析已经在许多领域取得了重大成效。比如产权理论通过比较不同产权配置结构对社会或组织成员提供的不同激励说明了产权结构对经济效率的影响，这一研究成果为世界各国特别是发展中国家的制度改革提供了理论依据，并在实践中得到证明。再比如，交易成本经济学通过对跨国公司在跨国转让先进技术和组织经验等无形资产的过程中产生的交易成本的分析，对跨国公司在国际经营过程中跨国组织结构的选择做出了有说服力的解释。② 虽然如此，交易成本经济学在取得重大成效的同时，也一直遭受来自不同方面的批评。比如，有人批评交易成本企业理论过分强调企业的交易功能，忽

---

① 陈稻田：《生产力和生产关系：一个现代阐释》，载于《陕西理工学院学报（社科版）》2009年第4期。

② 关于这方面的文献，可参见贝尼托（Benito，1996）、亨纳特（Hennart，1987，1988，1991）、提斯（Teece，1983）。

视了企业更根本的生产功能；有人批评交易成本经济学把降低交易成本作为企业的唯一目标，忽视了企业对市场控制力的追求，等等。[①]在此处，本书不打算对这些批评进行全面完整的综述，而是只对与本书的主题有紧密关系的方面进行评述。

交易成本经济学把交易作为基本分析对象，认为企业和市场比较替代的唯一根据是交易成本。这一观点遭到了许多学者最激烈的批评。国内马克思主义学者张银杰认为，“新制度经济学用交易费用解释企业起源的思想，虽然对原有的企业起源理论提供了某种补充，但从总体上说是不科学的。因为他过分夸大了节约交易费用对企业产生的作用，从根本上否定了提高劳动生产率是企业产生的根本原因。”[②] 荣兆梓认为，“可惜科斯在强调交易成本的重要性时产生了另一种片面性，即忽视了组织变动对于直接生产成本的影响。科斯把交易成本的节约看作是企业存在的唯一原因，完全忽视了企业组织在发挥协作劳动的社会生产力方面的不可替代的基本作用。”[③] 企业作为一种生产组织形式既有生产的功能，也有交易的功能，而且生产和交易是密切连在一起的，二者互相影响，无法把这两种功能分离开来单独分析。如果非要争论是生产功能重要，还是交易成本功能重要，那很显然生产功能是更根本的一方面。这是因为，既有生产又有交易的生产组织形式是生产力发展到一定阶段后才产生的，在更早的时候，比如自给自足的自然经济时代，生产组织内部基本没有因为分工而进行交换，从而进行交易的需要，那个时候生产是生产组织的主要方面。克利斯多·彼特利斯认为，“如果我们从最初的起点出发，那么这一观点（科斯假定的市场先

① 批判交易成本书献有很多，可参见弗朗西斯（Francis）等人（1983）、霍奇森（Hodgson）（1988）、彼特利斯（Pitelis）（1991）。

② 张银杰：《马克思的企业理论与西方新制度学派的企业理论之比较》，载于《教学与研究》1998年第10期。

③ 荣兆梓：《企业性质研究的两个层面——科斯的企业理论与马克思的企业理论》，载于《经济研究》1995年第5期。

于企业存在[①]——笔者）肯定是错误的。在最开始，可能什么都不存在。如果我们以我们所知的人类的起源为始点，那么一开始可能存在的是‘家庭’，或自给自足经济。这才是始点，自然状态。”他进一步指出，“从自给自足经济出发，可能要修改交易成本经济学的方法。眼下只要指出如下明显的事实就足够了：如果从自给自足经济入手，我们就必须解释为什么人类决定用存在正交易成本的世界来取代零交易成本的世界。”[②] 可以这么说，生产是任何生产组织形式与生俱来的固有的功能，而交易不过是特殊的生产组织形式所具有的功能。因此，把交易成本的存在看作是企业出现的原因，这种观点歪曲了企业的本质性质。

交易成本经济学采用的比较制度分析是一种静态分析方法，这种方法假定技术状态不变或外生决定，只是通过不同制度的比较来分析经济组织的性质。因此，这种方法缺乏历史的视野，从而看不到技术变化对企业出现的作用。何维达认为，“在具体研究方法上，两种企业理论（马克思企业理论和交易成本企业理论）显然存在重大区别：马克思的企业理论注重历史方法和逻辑方法的统一；科斯的企业理论则注重实证主义，而把历史方法置于一边。”[③] 林金忠也对交易成本经济学缺乏历史感提出了批评，认为他们总是撇开历史真实进程，用极端抽象的数学方式去推导活生生的经济生活，得出几个结论之后再将它们一般化、固定化、永恒化。[④] 交易成本最多只是企业存在的一个必要条件，而不是充分条件。因为只有在特定的技术状态下，正的交易成本才会导致企业出现；在某些技术状态下，即使存在交易成本也不会导致企业出现。企业作为一种生产组织形式同时具有技术和制

① 迈克尔·迪屈奇：《交易成本经济学——关于公司的新的经济意义》，经济科学出版社1999年版，第32页。

② 约翰·克劳维特根：《交易成本经济学及其超越》，上海财经大学出版社2002年版，第359页。

③ 何维达：《马克思与科斯的企业理论之比较》，载于《当代财经》1998年第3期。

④ 林金忠：《企业组织的经济学分析》，商务印书馆2004年版，第51页。

度二重性质，交易成本是企业存在的唯一原因的观点忽视了企业的技术性质，是一种片面的、不完整的企业性质理论。只有把技术因素和制度因素结合起来才能对企业的性质做出充分的解释。这正是本书下一章要解决的问题。

第4章

企业的二重性

——技术性质和制度性质的统一

第1章的分析表明，在生产力与生产关系二者中，马克思更加强调生产力对生产关系的决定作用，这在客观上弱化了生产关系的能动性。虽然马克思也认为生产关系对生产力有反作用，但是马克思并没有从逻辑上证明生产关系怎样反作用于生产力。而第2章的分析表明，新制度经济学通过比较制度方法说明了不同制度选择将会对组织成员提供不同的激励，从而会带来不同的生产绩效，这正好强调了制度的能动性，在客观上弥补了马克思理论的不足。通过对马克思企业理论和交易成本企业理论的比较分析，我们将会看到二者之间是互补关系，而不是一般观念认为的对立关系。基于此，本章提出了一个关于企业性质的新观点，即企业乃是技术和制度双重性质的统一。

本章分为三节：4.1节通过对马克思企业理论和交易成本企业理论的比较分析，证明二者在客观上具有互补性。4.2节在指出企业具有技术——制度二重性的基础上构建了一个基于技术——制度二分法的企业理论框架。4.3节利用企业二重性理论考察公有制与市场经济的结合问题。

4.1 马克思企业理论和交易成本企业理论的互补性

4.1.1 交易成本企业理论：不同阐述下的内在一致性

科斯认为，企业的本质特征是对价格机制的替代，其所以存在，是因为市场机制的运行是有成本的，就是存在交易成本。市场和企业是两种可以相互替代的资源配置方式，市场通过价格机制配置资源，企业通过权威配置资源，两种配置方式都有成本，它们之间的替代取决于运行成本的比较。在有的情况下，"通过成立一个组织并允许某一权利'企业主'指挥资源配置，某些市场运行的成本能够得到节约"，这时企业就会出现。① 张五常对科斯的理论进行了修正，他认为企业替代市场的说法不准确，正确的应该是要素市场替代产品市场。要素市场和产品市场分别对应着一组契约，企业替代市场，实际上是一组契约替代另一组契约。② 威廉姆森对交易成本范式作了很多发展，并被认为是交易成本经济学的集大成者。威廉姆森对交易成本范式的发展主要是提出了资产专用性概念。认为有些市场交易之所以成本很高主要是因为它们需要专用性资产的投资。需要专用性投资的交易很容易引起机会主义行为，就是所谓的"敲竹杠"现象。由于对机会主义行为的担心，往往导致专用性投资不足，从而造成很大的效率损失，相当于产生了很大的交易成本。威廉姆森用资产专用性、

① Ronald H. Coase, "The Nature of the Firm". *Economica*, (4), 1937.

② Cheung, Steven N. S., "The Contractual Nature of the Firm". *Journal of Law and Economics*, 1983, (4).

不确定性和交易频率三个主要尺度来度量交易成本，认为专用性越强、不确定性越大、频率越高，交易成本就越大，就越需要用一体化即企业这种治理机制来治理交易。[①] 阿尔钦和德姆塞茨认为企业是一个班组，因为生产需要有多人联合完成。在联合生产的条件下，每一个参加者都企图"免费搭车"，因此需要有人监督。但是监督人也会偷懒，谁来监督监督人呢？没有。为了使监督人有积极性，就必须把企业的剩余收入给他，即让他拥有剩余索取权。拥有剩余索取权的人就是企业主，所形成的生产方式便是资本主义的生产方式，即古典企业。[②] 格罗斯曼和哈特从分析财产控制权入手，并且区分了特定控制权和剩余控制权。如果契约是完全的，所有控制权都可以在契约中得到说明。如果契约是不完全的，那么没有在契约中得到明确说明的权利就是剩余控制权。他们认为剩余控制权在交易双方之间的分配将决定交易的效率。"我们发展了一种一体化的理论，这种理论的基础是交易双方试图签订一份能在他们之间有效地分配剩余控制权的合约(从而有效的治理他们之间的交易，作者加入)。"[③] 当一方完全购买了另一方的剩余控制权，即所有权合一时，企业就出现了。

通过以上对企业交易成本理论经典文献的概括可以看出，他们所说的企业，相对于市场来说本质上就是所有权合一。虽然在科斯的文章中并没有直接阐明所有权概念，但是他所强调的企业权威实际上是以所有权合一为条件的，拥有所有权的一方对没有所有权的一方行使指挥权。张五常所说的要素市场上的交易，其实也意味着所有权合一。有一部分人并不拥有生产所需的物质资本的所有权，因此他们需要出卖劳动力，接受资本所有者的雇佣，如此才能实现与生产资料结

① 奥利弗·E·威廉姆森：《资本主义经济制度》，段毅才、王伟译，商务印书馆 2004 年版，第 78 ~ 90 页。

② Arman Alchain and Harold Demserts, "Production, Information Cost and Economic Organization". *American Economic Review*, 1972 (62): 777 - 795.

③ Sanford J. Grossman and Oliver D. Hart., "The Costs and Benefits of Ownership: Theory of Vertical and Lateral Integration". *Journal of Political Economics*, 1986, (4) Vol. 94.

合。威廉姆森、哈特等人的文章中已经直接表明了这种意思，企业就是一体化、所有权合一。在阿尔钦和德姆塞茨的文章中，所有权就是剩余索取权。在联合生产中，有剩余索取权的人监督没有剩余索取权的人。这里需要说明的是，所有权合一并不意味着完全由一个人所有，有时会是几个，甚至是很多人。比如在股份公司中，许多人、甚至有可能是每个人都拥有一定数额的股份，但在企业经营这一层面上和在实际生产过程中，所有权仍是合一的，此时合一的所有权的拥有者是一个虚拟的法人。

可以看出，交易成本企业理论虽然有不同派别，不同派别使用的基本概念也不尽相同，但在本质内容和逻辑上，他们是一致的，就是证明在一定技术条件下，不同的所有权分配会带来不同的效率。交易成本企业理论在分析时假定技术条件不变，他们所说的企业出现意指制度（生产关系）上的变化。

4.1.2 马克思的企业理论

马克思本人在他的著作中没有明确提出企业理论这样的概念。[①] 长期以来，后世的马克思主义学者在他们的研究中也一直没有这样的提法。西方现代企业理论传入中国后，国内的马克思主义学者为了批判交易成本企业理论，对马克思的著作重新进行挖掘和整理，才渐渐地有了“马克思企业理论”这种提法。[②]

马克思关于企业理论的相关论述散见于他对资本主义生产方式的剖析，其本意并不是要提出关于企业本身的理论，真正的目的在于剖析资本主义生产方式的本质。为什么必须借助对企业生产过程的剖析

① 张宇、孟捷、卢荻：《高级政治经济学》，中国人民大学出版社 2006 年版，第 309 页。

② 许光伟，张威：《国内学者的马克思企业理论研究：一个述评》，载于《经济学家》2007 年第 1 期。

呢？这是因为在马克思看来，企业是资本主义生产最典型的组织形式，也只有到了资本主义社会企业才获得了其典型形态。“资本主义生产实际上是在同一个资本同时雇佣较多的工人，因而劳动过程扩大了自己的规模并提供了较大量的产品的时候才开始的。较多的工人在同一时间、同一空间（或者说同一劳动场所），为了生产同种商品，在同一资本家的指挥下工作，这在历史上和逻辑上都是资本主义生产方式的起点。”① 我们可以粗略地认为，马克思对资本主义生产的论述就是对企业的论述。

在马克思看来，企业最重要的特征是生产要素的集中，而且集中的生产要素在技术上是一个分工协作系统，而不是简单相加。集中、分工与协作的生产可以比分散的、独立的个体生产更有效率，这种效率上的优越性是社会发展到一定阶段，生产技术所表现出来的一种客观属性，是不以人的意志为转移的。企业的出现是资本家为了获取更多的剩余价值而去利用这种客观属性的结果。关于协作生产的优越性，马克思花了相当多的篇幅来说明。“一个骑兵连的进攻力量或一个步兵团的抵抗力量，与单个骑兵分散展开的进攻力量的总和或单个步兵分散展开的抵抗力量的总和有本质的差别，同样，单个劳动者的力量的机械总和，与许多人同时共同完成同一不可分割的操作（如举重、转绞车、清楚道路上的障碍物等）所发挥的社会力量有本质的差别。在这里，结合劳动的效果要么是个人劳动根本不可能达到的，要么只能在长得多的时间内，或者只能在很小的规模上达到。这里的问题不仅是通过协作提高了个人生产力，而且是创造了一种生产力，这种生产力本身必然是集体力。”且不说由于许多力量融合为一个总的力量而产生的新力量，在大多数生产劳动中，单是社会接触就会引起竞争心和特有的精神振奋，从而提高每个人的个人工作

① 马克思：《资本论》第1卷，人民出版社1975年版，第358页。

效率。①

此外，马克思认为，企业的出现，除了协作生产具有价值创造上的优越性这种技术因素外，还需要两个必要条件。一是劳动力自由买卖，二是大量的生产资料聚集在同一资本家手中。“既然劳动者不在一起就不能直接共同工作，既然劳动者集结在一定的空间是他们进行协作的条件，那么，同一个资本，同一个资本家，如果不同时使用雇佣工人，也就是同时购买他们的劳动力，雇佣工人就不能进行协作。因此，在劳动力本身集合在生产过程中以前，这些劳动力的总价值或工人一天、一周等等的工资总额，必须已经集合在资本家的口袋里。”②

关于企业的规模，马克思认为取决于生产资料聚集的程度，他写道：“因此，较大量的生产资料聚集在单个资本家手中，是雇佣工人进行协作的物质条件，而且协作的范围或生产的规模取决于这种集聚的程度。”③ 在这里，马克思有一个隐含的假设，生产过程中技术要求的规模足够大，每一个资本家所能积聚的资本不会超过技术要求的规模，否则一个资本家会建立多个企业。马克思在分析资本主义企业的产生时，意指整个生产组织形式的变迁，包括生产技术和生产关系两个方面，而且是生产技术的变化引起生产关系的变化。

4.1.3 马克思企业理论与交易成本企业理论的互补性

为了论述方便，这里先对生产组织形式演变的过程进行理论抽象与概括。生产组织形式的演变经历了从没有企业到有企业的转变，我把企业出现前期的生产组织形式称为自然经济，用 A 表示，企业这

① 马克思：《资本论》第 1 卷，人民出版社 1975 年版，第 362 页。
② 同上，第 366 页。
③ 同上，第 367 页。

种生产组织形式用 C 表示。任何生产组织形式都包括生产技术和生产关系两个方面。企业生产组织形式在技术上的特点是生产资料大量集中、生产者相互联合、内部存在分工与协作，在生产关系上的特点是生产资料所有权集中在企业主手中，其他人出卖劳动力成为雇员。自然经济在技术上的特点是生产资料分散、生产者相互独立，生产单位（主要是个人和家庭）内部不存在分工协作（生产单位之间存在社会分工，家庭内部即使有分工，也主要是男女分工，不是后来出现的那种企业内分工），在生产关系上的特点是所有权分散，每个个体独立生产，不是雇佣关系而是市场交换关系。除此之外，我们设想存在另一种生产组织形式，用 B 表示，其在技术上的特点与企业一样，而在生产关系上的特点与自然经济一样，即：在技术上生产资料大量集中、生产者相互联合、内部存在分工与协作，但在生产关系上却是所有权分散，每个参与联合生产的成员间是市场关系，不是雇佣关系。也就是为了利用社会化生产的优越性，生产者、生产资料在空间上进行集中联合，并在生产过程中进行细致的分工协作，但在生产关系上每个参与联合生产的个人对生产过程所需的部分生产资料仍然保持独立的所有权，即他们之间是市场关系。

根据马克思对社会形态历史演变过程的考察，B 种生产组织形式没有普遍出现过，即它没有作为一种典型形态的生产组织形式出现。而科斯在分析企业性质时，却是以这种构想的生产组织形式为参照物。当生产力发展到一定阶段，社会化的联合生产表现出技术上的优越性时，联合在一起的生产者为什么没有选择这种假想的生产方式，即通过市场关系利用联合生产的优越性，而是选择了通过雇佣关系来利用联合生产的优越性，即企业这种生产组织形式，科斯认为原因是前者的交易成本比后者大。在威廉姆森的文章中，他更是直接通过把企业与这种假想的生产组织形式进行比较来解释企业的出现。下面用图 4.1 概括上文对生产组织形式变迁的分析。

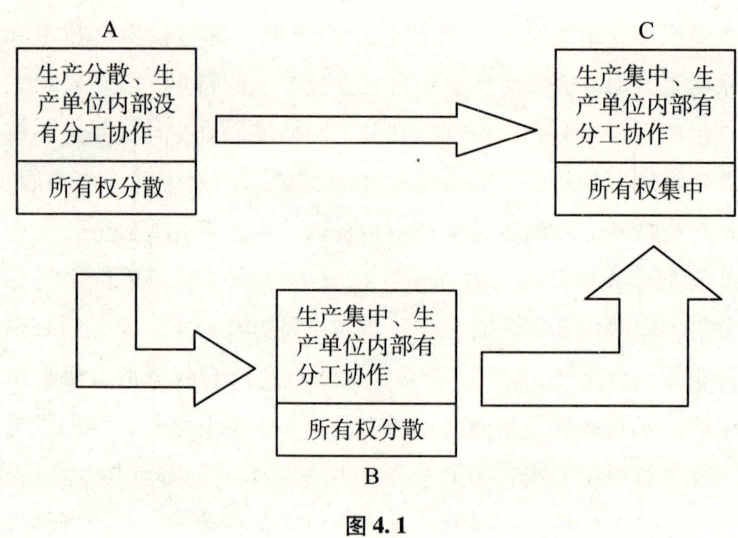

图 4.1

根据马克思对资本主义生产方式产生过程的分析，企业的出现意味着从 A 生产组织形式到 C 生产组织形式的转变。这一转变既包括生产技术的变化，也包括生产关系的变化。在生产技术上从生产资料分散、生产者相互独立、生产单位内部不存在分工协作，转变为生产资料大量集中、生产者相互联合、生产单位内部存在分工与协作；在生产关系上从所有权分散转变为所有权集中。在转变过程中，生产技术是主动因素，而且生产技术的发展是客观的，不以人的意志为转移的。生产关系的改变是被动的，是为了更适应变化了的生产技术。这样分析的结论是，在生产力与生产关系的关系中，生产力是关键因素，生产力决定生产关系。所以，在分析资本主义生产方式即企业产生的原因时，马克思强调生产力因素，认为企业是生产力发展到一定阶段的产物。马克思说的企业，同时包括生产技术和生产关系两个方面。企业的出现，意味着生产技术和生产关系同时变化，而且是生产技术的变化引起生产关系的变化。生产技术变化引起生产关系变化，这表明了生产力决定生产关系。

然而，马克思关于生产力与生产关系的关系这一命题包括两个方面的内容，即生产力决定生产关系，生产关系对生产力有反作用。马克思对资本主义企业产生过程的分析证明了前一个方面，但是没有证明后一个方面。要证明生产关系对生产力有反作用，必须通过证明在同一生产力条件下，不同的生产关系选择会带来不同的效率。而马克思认为在资本主义生产的技术条件下，企业内资本家对工人的雇佣和剥削关系是必然的，因而他没有去分析其他可能的关系（比如联合在一起的生产者通过市场关系利用社会化生产在技术上的优越性，即上文中假想的B生产组织形式）。

交易成本企业理论认为，企业的出现意味着从B到C的转变。在这一转变中，技术因素是给定不变的，只有生产关系发生了变化。在《企业的性质》一文中，科斯认为企业是对市场的替代。市场意味着所有权分散，参与生产活动的不同成员分别代表不同的产权主体。企业代表着所有权集中到企业主手中，其他人对生产过程中物质资本不拥有所有权，他们是通过出卖自己的劳动力，也就是通过雇佣关系而与生产资料相结合。威廉姆森在反驳企业起源问题上的技术决定论时指出，如果交易成本为零，生产流水线上的工人通过市场关系也可以组织在一起进行连续的生产。[①] 可以看出交易成本企业理论在分析企业起源时，是以B生产方式为起点，亦即他们假定技术外生不变，他们所说企业的产生意指生产关系的一种形式代替生产关系的另一种形式，亦即他们所说的一种制度代替另一种制度。在考虑不同制度的替代时，唯一需要考虑的因素是交易成本。如果交易成本为零，那么不同制度的替代就没有意义，企业制度也没有必要，所以正的交易成本是企业出现的原因。因为假定技术外生不变，所以生产成本不变，忽略生产成本并不影响不同生产组织形式总的生产成本的比

① Oliver E. Williamson, "The Vertical Integration of Production: Market Failure Consideration". *American Economic Review*, 1971 (61): 112－123.

较结果。这种分析强调交易成本和制度的重要性，在一定的技术条件下，不同的制度选择会带来不同效率。这在客观上，相当于证明了马克思关于生产力与生产关系的关系命题后一个方面的内容，即生产关系对生产力有反作用。

马克思的企业理论证明了生产力决定生产关系，交易成本企业理论证明了生产关系对生产力具有反作用。这两个方面结合在一起，恰好构成了马克思关于生产力与生产关系矛盾运动的完整命题。在这样的意义上，两种理论是相互补充的关系。

由上文分析可见，马克思企业理论与交易成本企业理论在内在逻辑上具有很强的互补关系。他们分别从不同的侧重点阐释了马克思关于生产力与生产关系矛盾运动的命题。由于分析问题时所处的层次和出发点不同，马克思的理论更全面、更具包容性，交易成本企业理论是对马克思企业理论的一个补充（尽管交易成本企业理论家们没有这样的初衷，但在客观上却是如此），反过来说就不恰当了，而且从理论出现的先后顺序来说也是如此。

4.2 技术性质和制度性质的统一

4.2.1 技术性质和制度性质

1. 技术性质

让我们模拟一个理想的经济世界。在这个世界中，所有的人都有一个共同的目标，就是社会总体的产出或是福利的最大化，因为他们相信，只有社会的总产出更大，他们每个个人的福利才能更大。在这个世界中，每个人都全心全意地与其他人协调合作，他们毫不保留地与别人分享自己所掌握的技术和信息。在这个世界中，每个人都按边际社会成本等于边际社会价值的原则行事，他们把别人的幸福和痛苦看作自己的幸福和痛苦。在这个世界中，每个人都是诚实的，更不会偷懒，他们按边际社会成本等于边际社会价值的原则分配闲暇和劳动的时间。在这个世界中，他们不会花费时间和精力来为自己争取在分配关系中更好的地位，因为他们相信只有把更多的时间用于生产和创造，而不是与别人讨价还价，才能得到更大的福利。有了上面这些理想的假设条件，我们可以认为，这个理想的经济世界与只有一个人的鲁滨逊世界是一样的。区别仅仅在于这个世界的生产规模比鲁滨逊世界更大，生产过程比鲁滨逊世界更复杂。在鲁滨逊世界里，他自己的大脑和双手完全由他自己支配和协调。在这个世界里，所有的大脑和手虽然不长在一个人身上，但是因为他们有共同的目标，所以我们完全有理由相信他们会基于一个（自然的、物质的）人在接收信息、学习和创造活动中的客观性质，以他们所能实现的最有效率的方式组织在一起进行生产活动。在这样一个世界里，一切经济活动的组织和运行都是遵循技术意义上的效率原则，例如专业化、规模经济、范围经济、边际替代原理、分工与协作等等。在这样一个世界里，包括人在内的一切要素都仅仅表现出自然性，而不具有社会性。一切要素都仅仅是按照它们之间的技术关系被组织起来，进行体力的或是智力的机械运动。所以，对这样一个世界的解释就像我们对物理、化学现象的解释一样，任何经济现象的出现都必然是而且仅仅是它们在技术意义上更有效率。①

我们把经济活动的组织运行必然遵循技术上的效率要求这一事实，叫做经济活动的技术性质。需要说明，这里的技术性质并不完全

① 有一点需要说明，这里的技术乃是一个最广意义上的概念。

等同于现有企业理论文献中经常出现的生产性质。技术性质是根据一项活动在理想的世界中是不是一定需要来定义的，而企业理论文献中一般说到的生产性质是根据经济活动的阶段来划分的。比如，分配、交换和消费这些活动即使在一个理想的世界中也是必需的，但是它们却不是我们常常说到的生产活动。

2. 制度性质

现在我们对上面模拟的理想世界的条件加以放松，回到现实的经济世界。在现实世界里，所有社会成员不再有共同的目标，每个人不再追求社会利益最大化，而是个人利益最大化。为了取得竞争的胜利，或是为了在分配关系中获得更好的地位，他们不再诚实，甚至在必要的时候隐瞒信息或是欺骗对方。他们不再把所有的时间和精力用于生产劳动，而是花费很多时间来与别人讨价还价、谈判、监督别人或是逃避别人的监督，就是与别人钩心斗角或是博弈。很明显，现实世界与理想世界比起来生产的效率较低。等量资源下的产出也较低。效率或产出水平低的原因不是可供利用的资源减少了，也不是生产函数或是技术本身（技术是客观的）改变了，而是实际投入生产活动中的资源数量减少了。不是所有的资源都按技术意义上的效率得到使用，而是有部分资源被用于非生产性活动，即是用于人与人之间为了利益分配而进行的博弈活动。

我们把现实世界中因为人与人之间利益不统一而必然地导致实际经济活动相对偏离理想世界中仅仅按照技术要求来组织经济活动这一事实，叫做经济活动的制度性质。同样的原理，这里所说的制度性质并不完全等同于现有企业理论中说到的交易性质。在现有的企业理论文献中，交易性这个概念也只是经常被提到而已，并没有文献对交易性做出准确的定义。

现实世界中的任何经济活动都包含技术性质和制度性质两个方

面。在社会化生产中技术性质和制度性质是分不开的，“生产力本身不包括任何社会制度的属性，但它又总是与一定的社会制度相联系的，不可能出现没有生产关系的生产力。当然，也不可能出现没有生产力的生产关系”。[①] 这段话中的生产力可以简单地等于本书所使用的广义的技术概念，生产关系就简单地等于本书所使用的广义的制度概念。企业是一种特殊的生产组织形式，只有把技术性质和制度性质结合起来才能完整的理解企业的性质。企业是一种（技术，制度）组合，选择企业这种生产组织形式不仅意味着选择了一种新的制度，同时也意味着选择了一种新的技术。选择企业就是选择了一种新的（技术，制度）组合。

3. 为什么是“技术—制度”二分法

企业的性质是多方面的，为什么要把企业的性质分为技术性质和制度性质，而不是其他的分法呢？这是由技术性质和制度性质在引起企业运作成本上的原因的本质不同造成的。下面通过技术成本和制度成本的定义做出进一步的说明。

技术成本是指完成一项经济活动客观上必须的，是一定技术条件下的最小成本，它取决于所选择的技术，与其他任何因素无关，即 $C_T = C(T)$，这里的 T 表示活动所选择的技术，而 C_T 表示技术成本。制度成本是由于人与人之间利益的不统一引起的，是在一定技术条件和制度条件下的博弈活动造成的，是现实世界中相对于理想世界来说不必要的活动造成的。制度成本由技术条件和制度条件共同决定，即 $C_I = C(T, I)$，这里的 I 表示活动所选择的制度，而 C_I 表示制度成本。但是在技术条件一定的情况下，制度成本将只取决于制度的选择，即 $C_I = C(\bar{T}, I)$。所以，一项经济活动的总成本可以写成：C =

① 逄锦聚、洪银兴、林岗、刘伟：《政治经济学》，高等教育出版社2004年版，第23、27～28页。

$C_T + C_I = C(T) + C(\bar{T}, I)$。

假定一项经济活动只需要劳动一种生产要素，而且一个人一天共有 L 小时可供使用，他可以选择偷懒（shirk）L_S 或工作（work）L_W。那么，技术条件将决定劳动的产出，即 $Q = Q_T(Lw)$，而既定技术条件下的制度条件将决定时间在偷懒与工作之间的分配比率，$k(I) = \frac{L_S}{L_W}$。此人一天的总产出由技术和制度共同决定。用图 4.2 表示：Q 代表等产量曲线，P 代表约束条件，制度条件决定了 P 的斜率，即时间在偷懒与工作之间的分配。因为产出只是实际投入的劳动的函数，所以等产量线为垂直横轴的线。当建立了一种不合理的制度时，偷懒的时间将会增加，k(I) 将会变大，就是约束线 P 变陡，用 P_1 表示。P_1 与等产量线 Q_1 交于 A 点。当一种合理的制度被采用时，偷懒的时间将会减少，k(I) 将会变小，就是约束线 P 平坦，用 P_2 表示。P_2 与等产量线 Q_2 交于 B 点。B 点的产出大于 A 点的产出，即 $Q_2 > Q_1$。

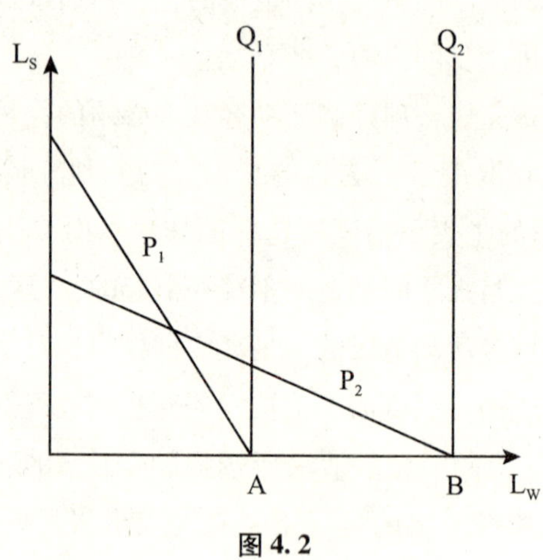

图 4.2

技术本身是人类活动所固有的，在客观上早已存在，仅仅是人类有没有认识到的问题。就像一位科学哲学家所说的：科学家的作用是发现，而不是创造。在一项新的技术被人类认识到并被使用之前，技术成本是无论如何不能降低的。制度成本是一种主观上的成本，只要所有成员都愿意，制度成本随时可以降低为零。技术成本只能通过使用新的技术才能节约，而制度成本通过成员之间的协商达成新的关系结构就能够得到节约。

这里需要指出一点，完成一项经济活动可使用的技术并不是唯一的，而是存在一个技术域可供选择。人类可以从这个技术域中选择一种技术或是几种技术的集合完成这项经济活动。同样，制度的选择也不是唯一的，也存在一个制度域供选择。所以，总的成本就是由选择的（技术，制度）组合决定的。

4.2.2　一个完整的企业理论分析框架

企业是一个（技术，制度）组合，单单从任何一个方面着手都会导致对企业的片面理解，以至于导致各执一端的无谓争论。下面提供一个例证。

“标准的例子是炼铁和炼钢过程的一体化，在这里通过一体化可以实现节约热能的经济”。[①] 在炼钢的过程中，有这样两个前后相邻的生产阶段，一个是生铁熔炼的过程（A），接下来是锻造成钢的过程（B）。A 和 B 两个生产阶段在一起连续进行可以节约热能。如果分开独立进行，那么 B 阶段就需要重新加热。技术决定论者认为一体化是因为连续生产可以提高技术意义上的效率（节约热能）。交易成本经济学家认为这种说法仅仅涉及表面现象，因为两个独立的企业相邻建在一起就能实现这种连续生产，这种技术上的原因还不足以导致一体化，因为相邻而建的两个企业还是可以通过交易完成由一个阶

① Oliver E. Williamson, “The Vertical Integration of Production: Market Failure Consideration”. *American Economic Review*, 1971 (61): 112 – 123.

段到另一个阶段的生产。实际上，相邻而建的两个企业因为资产专用性会导致过高的交易成本，这才是导致一体化的根本原因。在这里技术决定论者和制度决定论者对同一个问题的回答是完全不同的。实际上，整个分析决策过程既包括技术的选择（连续生产还是独立生产），也包括制度的选择（市场关系还是一体化）。如图4.3所示，在分析的起点A点，我们面临四个（技术，制度）组合选项，在B点，完成了技术的选择但是还没有完成制度选择，在C点才最终确定了一个唯一的（技术，制度）。如果认为一体化是由技术原因导致的，那他的分析思路仅仅走了从A到B这一段，就是做出了连续生产还是独立生产的技术选择，不过没有考虑制度的选择。但是技术决定论者认为，接下来的制度选择是由已经选择的技术决定的，因为无论选择哪一种制度，都是在已经选定技术的前提下进行的。而且，如果前面的技术选择结果改变，后面的制度选择结果也可能会因之而改变。所以，技术决定论者的答案是技术上的原因导致了一体化。如果认为是制度原因决定了一体化，那么这一思路仅仅走了BC段，是以B为分析起点，仅仅考虑了制度的选择，而把前面的技术选择视为外生因素。这样一来，无论选择哪种制度都可以看作是制度本身的原因，因为在这里只有制度是变量。其实，技术选择和制度选择是共同或是同时决定，在另一个因素决定之前单独决定任何一个因素都是有失偏颇的，因为企业是一个（技术，制度）的组合。不过在理论分析上，只能先分析一个因素，再分析另一个因素。选择要不要使用企业这种生产组织形式，不是比较制度分析，也不是比较技术分析，正确的应该是比较（技术，制度）组合的分析。

科斯的《企业的性质》一文乃是现代企业理论发展的开始，但是交易成本并不能解释企业的技术性质，而对交易成本范式提出批评的经济学家往往又仅仅是强调了企业的技术性质。企业是一种技术与制度结合的生产组织形式，是一个（技术，制度）的组合。只有从

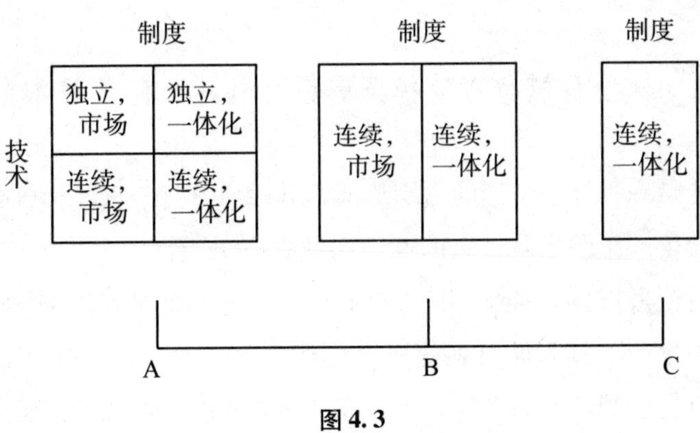

图 4.3

技术性质和制度性质两个方面同时进行分析，才能对企业做出全面正确的理解和解释。由于社会中人与人之间关系的复杂性，现阶段并不能实行在一个理想的世界中可以进行的全社会统一的集体大生产，但是现代生产力的不断发展又正在为统一的社会大生产提供越来越高的效率空间。在这种情况下，企业就承担了在局部小范围内进行统一的集体生产的职能。可以设想随着生产力和生产关系的不断发展，最终将在全社会范围内进行统一的集体大生产，这时全社会变成一个企业。

4.3　公有制与市场经济的相容性问题——上述理论的一个应用

上一节从理论上阐述了企业的二重性，本节将使用这种二重性理论来分析一个国内经济学界一直存在争议的问题——公有制和市场经济的相容性问题。①

① 关于这方面的文献，可参见奥斯卡·兰格、W. 布鲁斯以及 F. A. 哈耶克的著作。

4.3.1 公有制与市场经济的相容性这一问题的本意

企业是一种社会生产的组织形式，其性质具有二重性；市场也是一种社会生产组织形式，它的性质同样具有二重性。为了分析简单，我们先讨论最古典的企业和最古典的市场。古典企业的特征是雇主拥有厂房、生产工具和原材料等所有生产资料，雇员没有任何生产资料，只对自己的劳动力本身有所有权。根据雇佣契约规定，雇主有权指挥雇员劳动，同时为雇员支付劳动工资。古典企业在技术上的特点是联合劳动，即组织成员在一个统一的指挥权下进行协调劳动。古典企业在制度上的特点是生产资料所有权统一，即组织成员使用的生产资料为雇主一人所有。古典市场的特点是社会成员以个人或家庭为基本单位，各自独立拥有自己所使用的生产资料的所有权，自己指挥自己劳动，自己占有自己的劳动成果。古典市场在技术上的特点是劳动过程互相独立，社会成员之间在劳动上没有任何人为的协调，每个劳动者都只是通过观察市场价格来决定自己生产什么，怎么生产。古典市场在制度上的特点是生产资料所有权分裂，每个劳动者各自拥有自己所使用的生产资料。

如前所述，企业作为一种生产组织形式，它不仅是一种制度，也是一种技术。市场也是一种生产组织形式，它同样不仅是一种制度，也是一种技术。简单地说，企业的技术特点是统一指挥下的协调劳动，其制度特点是生产资料所有权统一；市场的技术特点是没有指挥的独立劳动，其制度特点是生产资料所有权分裂。分析至此，我们可以看出一个问题，即公有制与市场经济的相容性这个命题本身的提法是有问题的。公有制是一种制度，它只能与一种技术结合共同构成一种生产组织形式。市场是一种完整的生产组织形式，它本身已经是一种技术和一种制度的组合。由此可见，公有制与市场经济的相容性问题这种提法本身不够严谨。要准确理解这一问题的本意，需要分析这一问题产生和提出的背景。

新中国成立后，通过对旧经济的改造很快建立起社会主义基本经济制度，其基本特征是生产资料由全民所有，在生产上实行集中的计划经济，生产什么，怎么生产完全由国家计划决定。在这样的生产组织形式下，我国的经济建设很快恢复，并逐步建立起完整的国民经济生产体系。新中国成立后很长一段时期我国实行公有制下的计划经济，其所以能够取得很好的成绩，是有着一些客观原因的。首先，由于经历了多年的国内国外战争，新中国刚成立时，满目疮痍，百废待兴，为了快速恢复国民生产以及应对资本主义国家的各种封锁和挑衅，国家需要集中资源和力量优先发展各种迫切需要的产业和部门，解决最优先、最迫切需要解决的矛盾。在这种条件下，实行集中的计划经济可以节约时间，提高效率。而且，由于当时许多矛盾和任务的重要性和紧迫性非常明显，国家利用计划手段配置资源的效率非常高，不会因为信息不完全造成资源配置的错误判断。其次，由于经历了多年战争带来的灾难和痛苦，新中国成立后，全国各阶层的人民参与经济建设的热情非常高涨，集体主义精神非常强烈，因此，生产的效率非常高。最后，新中国刚成立时，新生的政权还比较脆弱和不稳定，国家在努力恢复生产的同时，还要花费很多精力同国内各种残余势力和国外资本主义霸权进行斗争。在外部矛盾比较尖锐的情况下，国家领导层在处理包括经济建设在内的各种国内问题上更容易取得团结和一致意见，这有利于经济建设较快较好地发展。但是，随着时间发展，国内经济建设取得很大的恢复和成就，各种残余势力也基本被扫除，资本主义世界的封锁也被粉碎，各种国内国外主要矛盾在一定程度上得到缓解。在这种情况下，上述各种有利于集中计划经济的条件在不同程度上发生改变。首先，集中计划经济需要计划者在配置资源时对优先生产什么、生产多少做出准确判断，在矛盾缓和的时候，优先生产什么这个问题显然比在矛盾尖锐时更难做出判断，因此，资源配置错误更容易发生，生产效率也会因此降低。其次，随着生产恢复和经济建设的发展，基本矛盾得到缓解，劳动者内部各阶层也慢慢出现分化，共同生产，平均分配的方式不再能够满足所有人的诉求，有些生产者参与生产的积极性有所降低，这也降低了集中计划经济的效率。最后，随着国外矛盾的缓和，国家领导阶层在处理国内经济建设问题上也逐渐出现分歧意见，这也影响集中计划生产的效率。

在国内全民公有和集中计划生产中许多问题变得突出的同时，西方发达资本主义国家的市场经济虽然也经常会出现各种问题和危机，但总的来说发达国家的市场经济在资源配置方面表现出很高的效率，而且经济发展相对也比较稳定。在这种情况下，特别是改革开放之后，我国开始探讨经济体制改革的问题。在改革逐步深化过程中，尤其是在国有企业改革进程中，出现了公有制和市场经济能不能结合这个问题。发达资本主义国家的市场经济是以私有制为基础的。私有制能够自动引起生产主体之间的竞争，而竞争使生产主体的积极性得到激发。再者，私有制允许每个生产者可以自主地按自己的意愿使用自己的生产资料，对生产资料的自主使用可以充分利用每个生产者掌握的私人信息，从而提高资源配置的效率。私有制只是个条件，它本身并不能直接带来生产效率，私有制条件下，竞争引起的劳动者的积极性和自主使用生产资料引致的有效资源配置才是市场经济有效率的直接原因。与此相对，公有制下的集中计划经济中存在的问题也不在于公有制本身，主要是生产者因缺乏有效激励失去劳动积极性，以及计划者因为信息不充分而造成的资源配置错误。因此，公有制与市场经济能不能结合这个问题的本意应该是，生产资料公有制条件下能不能解决劳动者的积极性，以及能不能充分利用分散在个体生产者之间的信息从而能够有效配置资源，即公有制能不能与市场经济的技术手段结合。

4.3.2　公有制与市场经济兼容的可能性

就生产组织形式的技术方面而言，从完全的集中计划到完全的自主独立，其间有无数种可能的中间过渡状态；在制度方面，从完全的公有制到完全的私有制，其间也有无数种可能的中间状态。也就是说，从理论上讲技术和制度的组合有无数种可能性。如果我们把古典市场理解为完全私有制和完全自主生产的组合，把古典企业理解为完全公有制（一个人全部占有生产资料和全体成员完全共有生产资料都意味着所有权的集中）和完全计划生产的组合，那就可以用如图4.4来表达我们的分析。

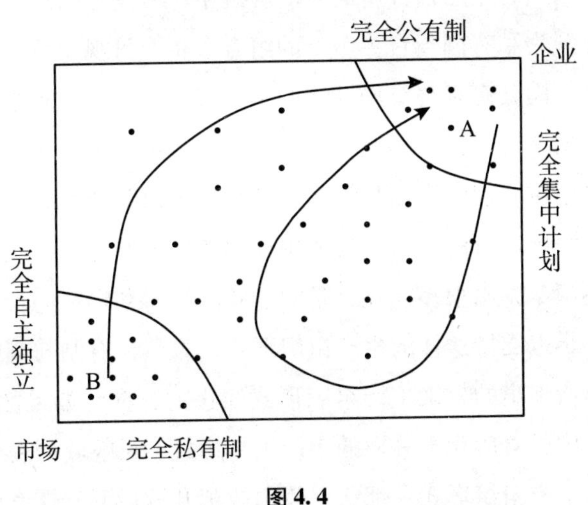

图4.4

历史上从来没有出现过完全的市场或完全的企业组织形式，任何时期的生产组织形式都是市场和企业的混合物，区别仅在于有些情形下市场的性质多一些，而另一些情形下企业的性质多一些。这是因为无论市场还是企业，都是既有优点，也有缺点。市场可以充分激发人的生产积极性，可以最大限度地允许生产者充分利用自己掌握的信息以自主做出生产安排，从而提高资源配置效率。但是，市场的过度激励也会引起恶性竞争，诱使有的生产者提供虚假信息，制造劣质产品；而且，自主安排生产虽有好处，但同时却因为生产者之间缺乏有计划的人为的协调而造成生产的盲目性和结构调整的滞后性。企业组织形式虽然会因为缺乏有效激励机制使生产者的积极性降低，因为计划者不能充分利用分散在个体中间的信息而使资源配置出现错误，但是，企业形式却较少出现市场的强激励所导致的恶性竞争，同时却可以因为有计划有意识的组织协调提高生产任务组织实施的速度，特别是在完成某些突发任务上更是如此，比如发生自然灾害或是国家战争。在任何特定的生产组织形式中，市场的成分或企业的成分应该有多少，这是由当时生产任务所面对的客观条件所决定的。

市场可视为私有制与自主生产的组合，企业可视为公有制与计划生产的组合，而公有制与市场经济的结合实际上是指公有制制度与自主生产技术的结合。自主生产与计划生产作为生产组织形式的技术特点，从理论上讲它们既可以与私有制结合也可以与公有制结合。新中国成立后，我国实行的公有制与集中计划相结合的生产组织形式，之所以后来逐渐暴露出很多问题，是因为我国当时和现在的自然科学技术水平还不足以支持这样的生产组织形式，虽然公有制与集中计划生产是马克思所指出的未来生产组织形式演进的方向。如果图 4.4A 区域代表新中国成立后我国采取的生产组织形式，B 区域代表资本主义国家采取的生产组织形式，那么，我国改革开放后开始探索的公有制与市场经济相结合的道路就是：在保证公有制主导地位的前提下，通过技术手段上的调整，把在资本主义国家实行的某些行之有效的技术手段拿来为我所用；与此同时，在公有制具体的实现形式上进行调整，这实际上是在弥补功课，因为完全公有制和完全集中计划的形式是不符合我国现有的自然技术水平的，是超前的。但是，我国不可能退回到资本主义的生产组织形式，在经过长期的调整之后必然会重新回到向企业组织形式演进的方向上，因为那是未来先进生产力的要求。在我国进行调整的同时，资本主义国家的生产组织形式也在进行调整，他们调整的方向与我们相反。他们是在保持私有制主体地位的前提下，在技术手段上增加生产的计划性质。这表现在近些年随着自然科学技术特别是信息技术的发展，资本主义国家各个企业之间，政府和企业之间，以及其他不同部门之间在行动上有意识有计划的人为的协调越来越多。虽然在基本经济制度上资本主义国家仍然实行私有制，但在生产组织的具体的物质的过程上他们却更有计划性和协调性。在图 4.4 中，上面的箭头线代表着我国的生产组织形式可能的调整路径，下面的箭头线代表着资本主义国家的生产组织形式可能的调整路径。

需要指出，理论只能指出可能的方向，无法规定具体的行动路径和方法。公有制与市场经济结合的具体方法，与历史上任何新组织形式的出现一样，答案一定是蕴藏在实际的探索和实验之中，而不可能在理论之中。因此，学术界的理论探索是必要的，但更重要的在于在行动上敢于试验和创新。

第5章

基于演化视角的技术与制度的关系

上一章阐明了企业的二重性，本章将从演化的视角，转入对技术和制度的关系的考察。在二者的关系上，马克思强调技术对制度的决定作用，诺斯则更加强调制度对技术发展的反向作用。本书认为，技术问题是与生俱来的，所以从产生意义上讲，技术要先于制度，在任何时候制度选择都要以一定的技术条件为前提。但是，制度一旦产生，将和技术一起协同演化，互为因果，互相决定。本章共分四节：5.1 节对演化经济学的相关理论进行简要概述，作为本章后面内容叙述的一个铺垫；5.2 节讨论演化视角下技术变迁的性质；5.3 节讨论制度的演化性质；第四节分析演化视角下技术和制度互为因果、协同演化的关系。

5.1 演化经济学概述

5.1.1 演化经济学的多个流派

演化经济学一词最早由凡勃伦提出。[①] 近年来，演化经济学日渐

---

① Veblen, T., "Why is Economics not an Evolutionary Science?" in The Place of *Science in Modern Civiliation and Other Essays*, Veblen, T., New York: B. W. Huebsch, PP. 56 - 81.

升温，“演化”一词俨然已经成为一个流行的学术标签。然而，“一个关于‘演化经济学究竟是什么’的共识却仍然未能建立起来”。[①]目前，在演化经济学这个学科内部有多种理论进路，多到令人眼花缭乱，它们都使用演化经济学这个术语作为自己理论的标签。霍奇逊认为，从中至少可以辨认出6个主要的学术群体：

（1）凡勃伦主张一种“演化的”和“后达尔文主义”的经济学。凡勃伦和康芒斯传统下的制度主义者往往将他们的研究称为“演化经济学”，虽然他们经常是将“制度的”和“演化的”这两个概念作为事实上的同义词使用，这从美国背景的制度主义的“进化经济学学会”的名称中可见一斑。

（2）熊彼特曾有将资本主义的发展形容为“演化的进程”的著名论断，而国际熊彼特学会出版的刊物名称为《演化经济学杂志》，亦足以证明熊彼特的追随者们的研究也属于演化经济学范畴。[②]

（3）奥地利学派经济学家的研究通常也被视作“演化的”。我们可以从门格尔关于货币和其他制度的演化理论和哈耶克的后期著述——尤其是关于自发秩序的著述——中广泛使用的生物学的演化隐喻中窥其侧影。[③]

（4）斯密、马克思、马歇尔等百科全书式的大师的经济学有时也被认为具有“演化的”性质。

（5）演化博弈论是数理经济学发展最耀眼的前沿领域，并且正在从理论生物学的相关数理研究中获取灵感。

（6）“演化”一词有时又与“复杂理论”——以应用包括混沌理论和其他种类的电脑模拟的美国圣达菲研究所的研究为代表——相联系，在他们的研究和类似的模拟研究中，可以看到复制子动力学、遗

① 杰弗里·M·霍奇逊：《演化与制度——论演化经济学和经济学的演化》，中国人民大学出版社2007年版，第128页。

② 关于这一学派的理论，可参见熊彼特、纳尔逊、温特和弗里曼等人的著作。

③ 关于这一学派的理论，可参见哈耶克的著作。

传算法、遗传规划等字眼。[①]

5.1.2 演化的含义及原因

面对演化经济学如此广泛的使用，我们似乎很难从中发现单一的、基本的和一致的信息。目前，演化一词被赋予多种含义。多普菲说："当我提到演化理论时，其一般含义包括下面的要素。它关注的焦点是某一变量或一组变量如何历时地变化，如何在理论上理解所观察的变化背后的动态过程；一个特例是，我们可以通过解释它是如何达到当前状态的来理解某一变量或系统的当前状态。演化理论认为，这些变量或系统要经受某些随机变异或扰动，但也存在着对变异进行系统性筛选的机制。演化理论的预测力或解释力主要就在于它对系统性选择力量的详细说明。"[②] 霍奇逊认为演化模型具有如下特征：

(1) 正如西德尼·温特曾经总结的，方法论上绝对必要的特点首先是动态性。这也就是，对某事物存在原因的解释取决于对它是如何成为其目前状态的解释，或者从消极规定的角度来表示：从不将一种存在性定理或一种纯功能主义的主张（实体 x 存在是因为它执行功能 y）作为一种适当的"解释"。

(2) 这些理论必须包含有行为人行为和行为原因的故事，或至少有与这种故事相一致的解释。在这个意义上，演化理论明显地是以微观为基础的理论。

(3) 行为人最多也只是对其所处的世界有不完全的、路径依赖的理解，对未来将带来什么，就更是如此。因此，"有限理性"在一个十分宽泛的意义上被普遍承认。

---

① 杰弗里·M·霍奇逊：《演化与制度——论演化经济学和经济学的演化》，中国人民大学出版社 2007 年版，第 127 页。

② 库尔特·多普菲：《演化经济学——纲领与范围》，高等教育出版社 2004 年版，第 152 页。

（4）不完全的理解和不完全的路径依赖的学习使行为人必然是持久异质的，甚至当他们面对完全相同的信息和同样的想象机会，也是如此。

（5）行为人总能发现新技术、新的行为方式和新的组织结构。因此，在这个系统中，各种类型的新奇事物也会持续不断地出现。

（6）与上一点相关，当不完全的适应和发现（可能以看似随机的方式）产生了变异，存在于市场内外的集体性交互作用就执行了选择机制的功能，造成了不同实体有差异的增长（也可能是消失），这些实体可以说是不同的技术、惯例、策略等等的“载体”。

（7）总量现象（例如，在增长过程或产业结构等方面的规则性）被“解释”为突现特征。它们是远离均衡的交互作用和异质性学习的集体性产物。最后，尽管它们在时间尺度上比产生它们的那些过程更长久，但它们统统最终会趋向于消失，在这个意义上，它们通常具有一种亚稳态的性质。[①]

现代演化经济学虽然有多种思想来源，而且演化一词也被赋予多重含义，但是演化一词最本质的含义是“反构建”，也就是说演化主义是相对于构建主义来讲的。构建主义以完全信息为前提，以设计为手段，以实现某种功能为目的，因此构建主义也可称为功能主义。因为以完全信息为前提，所以，功能主义意味着均衡、最优化。演化主义与之相反，演化意味着自发进行、不可设计，意味着非均衡、非最优化。

事物的发展是演化的，而不是构建的，根本原因是信息不完全。演化的本质是“反构建”。反构建并不否定人的能动性，此处反构建是指一种状态并不是通过一次选择到达的，而是经过了两次或更多次选择才到达的。事实上，每一次选择都有构建的成分在里面。人为什

① 杰弗里·M·霍奇逊：《制度与演化经济学现代文选：关键性概念》，高等教育出版社 2005 年版，第 123 页。

么不能通过一次选择来一劳永逸地决定自己的未来？原因是信息的不确定。这包括两个方面：一是纵向的不确定；二是横向的不确定。纵向不确定是指信息结构总是逐渐展开的，今天不能够完全预见明天会发生什么。所以，人总是会根据获得的新的信息来调整自己的行为，每一次调整都意味着一次新的选择。后继选择以初始选择为条件，初始选择限制后继选择。因此，行业在每个时期的状况带有它在下一个时期的状况的种子。① 横向不确定性是指一个社会中的个体总是独立做出选择，一个人在做出选择时，他并不知道或是不完全知道其他人在做出怎样的选择。一个人在做出选择时所依据的初始条件，很可能在自己的选择尚未实现其结果之前，就已经因为其他人的行为改变了。所以，一个人的选择总是不能完全按其最初的设想实现结果，这样每个人就总是要不停地通过调整自己的选择来适应其他人的选择，同时他的每一次选择的结果也在促使其他人做出新的调整和选择。

如果一种状态是由一个有意识的力量通过一次一劳永逸的设计而达到的，我们就可以使用功能主义来解释这种状态。我们就可以认为这种状态之所以能够出现是因为它在功能上最能够满足设计者的目标。如果一种状态不是由一个有意识的力量设计的结果，而是经过多个力量在彼此不完全了解对方情况的条件下，彼此独立行动并且经过多次适应性调整之后才达到的，我们就说达到这种状态的过程是一个演化的过程。对这种状态的解释就不能从功能主义的角度，而是需要具体了解这个演化过程本身的性质。

通过以上分析，我们知道演化主义是相对于功能主义来讲的，其本质是“反构建”。这种分析的基本思路是，把被解释的状态看作是二次选择的结果，实际上是多次或无数次选择和调整的结果，而不是看作一次性设计的结果。本书的主题是企业的二重性质，下面将以本

① 理查德·R·纳尔逊，悉尼·G·温特：《经济变迁的演化理论》，商务印书馆1997年版，第25页。

节对演化主义思想的分析为基础，分别对技术和制度在变迁中的演化性质进行分析，并在演化的视角下考察二者的关系。

5.2　技术的演化性质

什么是技术？技术意味着做事的方法。如果遵循经济学教科书，将土地、劳动和资本视为生产要素，那技术本身并不是生产要素之一，而是我们组织和使用生产要素的方法。技术是工具和技能。我们做任何事情都需要工具，任何种类的工具，甚至思想也是作为工具来使用的。技术远不仅仅是博物馆中陈列的器具的集合，或者由发明家拥有的一系列专利。技术是每一代人继承下来的最美妙的遗产，它是每一代人通过教和学而积累下来的共同体共有的知识。[①] 从广义上讲，技术包括生产过程中使用和获得物质资料的手段、社会成员个体和群体的技巧与技能以及联系社会成员的组织方式。[②] 技术是经济发展过程的重要方面，下面将从演化的视角对其性质进行分析。

5.2.1　技术与不可预测性

技术进步是通过技术创新来实现的，创新就是发现未知的事物。创新的本质规定了技术发展的方向是不可预测的，因为是未知的事物，当然就不可能对它的具体特征做出准确预见。从本质意义上讲，创新涉及探索、发现、实验、开发、模仿以及采用新产品、新工艺和新的组织结构。仅从定义便可知，甚至就连究竟探索什么这一问题，

① 威廉·M·杜格、霍华德·J·谢尔曼：《回到进化——马克思主义和制度主义关于社会变迁的对话》，中国人民大学出版社2007年版，第52页。

② 盛昭翰、蒋德鹏：《演化经济学》，上海三联书店2002年版，第73页。

在研究与实验活动本身开始之前都是几乎不可能准确地知道的。同样，创新努力带来的技术结果也是事先很难知道的。的确，利润驱动性经济行为者无论什么时候从事创新活动，他们必然包含了对某些尚未利用的技术机会和经济机会的直觉。但是，这样的直觉和信息很少需要关于什么将发生、世界发展状况如何、投入组合和产品特性是什么之类的详细知识。换个说法，创新也包括一个基本要素即不确定性，这不仅是指缺乏与已知事件的发生相关的信息，更根本的是准确地追踪行动结果是不可能的。①

由于创新活动的努力与创新结果之间存在的不确定性关系，创新的出现在时间脉络上的分布不仅是不均匀的，而且是随机的，即创新的出现是一个随机过程。技术创新过程是一个创新主体不断试错的过程，创新主体现有的技术水平决定了他能够想象到的可能的创新机会。在结果表现出来之前，创新主体无法预知这些可能的机会能不能实现真正的创新，更无法预知某一次具体实验的结果，创新总是表现为一个不速之客，它的出现对于创新主体而言永远是不期而至。

技术的不可预见性不仅表现为创新本身的不可预测，技术创新对经济过程的影响同样如此。新技术会打破和推翻旧的行事方法，这样会导致社会地位和身份的变化。在内燃机用于动力更强的拖拉机和汽车之前，乡村铁匠是一种有地位的身份，他钉马掌、修理马车的能力使他在全国多数乡村和城镇中能够得到一笔不错的收入。他的店铺是一个重要的聚集地，他在许多实际问题上的观点是很有影响力的。但新技术改变了这一切。汽车和拖拉机摧毁了乡村铁匠和他的店铺，人们开始以不同的方式行事。铁匠的工作、身份和收入都已今非昔比，新技术降低了旧角色和旧的行事方法带来的地位和收入。这种角色和

---

① G. 多西、C. 弗里曼等：《技术进步与经济理论》，经济科学出版社 1992 年版，第 274 页。

身份的变迁对一些人有利，对另一些人则有害。因此，如果他们理解其如何受到新技术的影响，受益的人就会促进新技术，而受损的人则会对之进行抵制。但是，要准确的预言新技术将如何被使用却绝非易事，更不用说要准确地预言它将如何影响不同集团的收入、地位和角色了。

不可预见的意思是，新技术可能会隐藏在社会的强有力群体之后暗中改变一个社会。比如，汽车改变了家庭中的关系。当家庭中的妇女和年轻人学会驾驶后，家庭中家长的权利就减少了。大多数人都没有预见到轿车所引发的家庭变迁。其他新技术的情况往往也是与此类似。技术很少以被预见到的方式影响社会。相反，技术常常以难以预见的方式产生变化，并改变社会环境。

特定产业中特定的工人集团可以判断出特定的新机械和新工序将如何直接影响他们的工作。铁匠很快就认识到汽车和拖拉机是他们的敌人。特定产业中特定的所有者集团也许可以断定特定的新技术将如何影响到他们的利润。不同的集团将根据他们的利益得失采取行动，要么抵制新技术，要么促进新技术。[①] 但是，技术不仅对生产过程和工人有着直接的影响，而且也强有力地影响着消费和消费者，技术不仅通过生产领域进入社会，而且也通过各种形式的人类活动进入社会。汽车不仅通过对工厂的改变而影响社会，也通过改变家庭、城市和国家而影响社会。技术渐渐具体化为各种技能和工具，这是明显的。但是，技术同时也逐渐具体化为各种社会关系，而且它是如何具体化为各种社会关系的，对于那些运用新技术的人来说则是全然不知的。对新技术将如何对更广泛的社会范围产生影响这个一般性的问题非常难以回答，因此，不同集团将对新技术产生什么样的反应——是抵制还是促进——很难预先说清楚。

---

① Landes, D. S. , *The Unbound Prometheus.* Cambridage: Cambridage University Press, 1969. Braveman, H. , *Labor and Monopoly Capital.* New York: Monthly Review Press, 1974.

汽车技术以及由此引起的郊区的发展似乎改变了一切。它改变了在以男性为中心的世界中对妇女所意味的一切；改变了在白人至上的文化中对有色人种所意味的一切；改变了在城市生活和在乡村生活所意味的一切。新技术带来冲突的例子举不胜举。总之，新技术改变了我们的生活和制度的真正含义，而且这些改变都是以不可预见的方式进行的。①

5.2.2 技术创新的累积性特征

经验研究已经证明，新技术的出现、采用和持续存在，是一个“边际”突破和自我持续累积的过程。技术创新并不是简单地产生于彻底的“完全新的”发明，而是通常产生于专业技能和经验不断累积基础上的一揽子技术的变革。创新是一个新思想产生与形成的过程。这是一个分析确认市场需求状况，将所认识到的需求与技术上的可能性在一个设计思想中融为一体的创造活动。在多数情况下，创新主体，不管是个人、企业或是国家，所能想象到的满足需求的技术可能性是由他们已经达到的技术水平决定的。换句话说，创新主体希望做的受到他们过去已经做的所制约，因此，技术进步是积累性活动。创新理论的先驱熊皮特指出：创新不是独立的事件，不是在时间上均匀分布，而是趋于集结成群，鱼贯而出；同时，创新不是随意和均匀分布于整个经济系统中，而是趋于在某些部门中聚集。这种现象也说明了技术创新具有累积特性。②

一旦认识到技术进步的积累性特性，技术随时间变化就不再是随机的，而是受到与已有技术活动密切相关的范围限制，就是技术进步

① 威廉·M·杜格、霍华德·J·谢尔曼：《回到进化——马克思主义和制度主义关于社会变迁的对话》，中国人民大学出版社 2007 年版，第 54～58 页。

② 陈劲、王焕详：《演化经济学》，清华大学出版社 2008 年版，第 168～170 页。

过程表现出路径依赖和锁住现象。特定产业部门的某种技术体系在形成以后，有可能会趋于一种过分的自我封闭和自我强化的方式，从而变得反对激进的变革，以致限制了企业或行业所面对的种种有效率的选择机会。这种现象就是“技术锁定”。[①] 例如，20世纪70年代Beta和VHS两种录像带版式的竞争，虽然专家们认为VHS在技术上还略逊Beta一筹。但是，由于一开始，VHS在市场上占有份额多，以致VHS版式成为市场上的主流产品。这一事实说明了，在技术演化过程中，既存在优胜劣汰的情形，也存在着劣胜优汰的情形，即“锁定”在劣技术。[②] “技术锁定”现象是技术进步演化性质的表现。如果技术进步不是演化的，而是构建的，是功能主义选择的，那就不可能出现“技术锁定”现象。

虽然技术创新过程中存在着特定的技术范式或技术轨道，即技术创新过程具有明显的路径依赖性。但从长期来看，技术变迁或发展过程是在一系列创新过程的基础上演化的，特定的技术轨道总是会被突破。

任何一种技术一旦最先取得突破性创新，都有可能通过抢先占有市场开始一个渐近的、不断加强、不断完善的演化路径。但是，技术不会永远沿着一条特定的技术演化，迟早会有突破性创新出现来终结旧的演化路径，开始新的路径。在大多数行业内，没有一个企业能长期占据主导地位，在领先一段时间之后总是会被新的领导者替代，新的领导者取代旧的领导者一般不是在旧的路径上赶超对方，而是通过新的、突破性的、革命性技术的引进。在竞争越激烈，创新越频繁的产业中，技术演化的路径依赖越不明显，技术锁定现象也就越少。总的来说，不管在任何一个产业，观察的时期越短，路径依赖和技术锁定越明显，观察的时期越长则越不明显。

---

① 陈劲、王焕详：《演化经济学》，清华大学出版社2008年版，第169页。
② 盛昭翰、蒋德鹏：《演化经济学》，上海三联书店2002年版，第91页。

技术进步的不可预测和累积性特征都表明技术进步是一个演化的过程。不可预测性表明人们不能够事先预知技术进步的方向和结果，累积性特征说明技术进步是一个自发展开的过程，不是人们构建和设计的结果。这些特征共同表明技术进步的客观性，说明技术进步是一个内生的、自我积累、自发展开的独立过程。技术性质是企业的二重性质之一，技术进步的不可预测性和累积性特征这些技术变迁的演化性质从一个侧面表明了企业组织形式的演化性质。

5.3 制度的演化性质

在影响经济社会发展的因素中，制度是一个与技术对应的概念。制度具有多重含义，在广义上，其内涵可以归纳为：[①]

（1）有形组织（从企业到技术社团、工会、大学、直至国家机构）；

（2）集体共享的行为方式（从惯例到社会习惯、道德准则）；

（3）消极的规范和约束（从道德规定到正式的法律）。

现在，制度是重要的这一命题已经被普遍接受，但是关于制度形成、制度变迁、制度的功能等问题在理论上仍然没有统一的结论。

5.3.1 制度的形成

关于制度的形成，有两种不同观点：一是自发演化的结果，二是人类精心设计的产物。老制度主义者和奥地利学派是第一种观点的代

① 杰弗里·M·霍奇逊：《制度与演化经济学现代文选——关键性概念》，高等教育出版社2005年版，第125页。

表，特别是奥地利学派的哈耶克，通过对自发秩序原理的阐述，说明制度是“人类行动的结果，但不是人类设计的结果。”① 哈耶克关于自发秩序的分析主要根据是它对知识的看法，他认为知识是分散的，这是因为每个人都拥有关于他或她周围环境的其他人所无法拥有的私人知识。虽然有部分知识可以通过语言和符号标准化，进而可以在不同人之间传递，但是有更多知识是默示性知识，是只可意会、不可言传的。而且，对于人类的行为来说，那些可以标准化的知识很可能不是最重要的，往往是那些不可传递的默示性知识起主要作用。② 因此，总的来说，任何个人和组织对整个社会的复杂知识基本处于一种无知的状态。哈耶克认为，制度在很大程度上不是人类特意计划或追求的结果，而是在无人能预知其后果的情况下，在漫长的岁月中自发进化而形成的。这个过程实质上是一个不同群体或个人间自发展开生存竞争，从而选择规则的过程。在这一过程中，理性从来没有发挥过设计、控制的作用，这一过程是扩展秩序的竞争和系统自组织演化的过程。他指出，制度是自发的，非人为设计的，其产生是拥有不同行为目的的社会主体在竞争过程中实现合作及互动的结果，这一结果的发生在事前是不为任何主体所知的。他进一步指出：“大凡认为一切有效的制度都产生于深思熟虑设计的人，大凡认为任何不是有意设计的东西都无助于人的目的的人，几乎必然是自由之敌。”任何试图有意识地对演化的社会秩序进行重新设计的行为，将极有可能带来更差的甚至是灾难性的后果，“那是一种理性的致命的自负”。③

---

① 库尔特·多普菲：《演化经济学——纲领与范围》，高等教育出版社2004年版，第215页。

② 私人知识是指因为信息不对称只被个别或部分人掌握的知识。默示性知识是指因为知识本身的性质难于被表达从而难于在不同人之间传递的只是。私人知识中有些是默示性的，掌握这些知识的人很难把这部分知识直接用语言或文字传递给其他人；私人知识中有些不是默示性知识，可以比较容易的传递给其他人，从而变成共同知识。私人知识表示某种信息不对称；而模式性知识表示某些知识本身所具有的一些特殊性质。关于默示性知识参见波兰尼（Polanyi，1962、1967）。

③ 靳涛：《关于演化经济学思想的比较：凡勃伦、熊彼特、哈耶克》，载于《经济科学》2002年第4期。

新制度主义者采用的比较制度分析法，通过功能主义解释来说明制度选择的过程，这一理论的潜在政策含义是制度是可以被设计的，人类可以通过选择不同的制度来影响经济社会发展的过程。人类对自己的行为进行构建和计划的基础是人类所掌握的知识。在人类历史的早期，人类的知识储备非常少，人类几乎处于完全无知的状态，人的行为表现出极大的盲目性和任意性。在那个时代，人类没有意识到制度对人的行为的作用，也不知道制度是什么，因此，不可能有意识地去构建制度。随着技术的发展，人类的知识储备水平提高了，这其中包含关于制度的知识。因此，人类可以根据对制度形成和作用原理的认识，有意识、有计划地去建立某些制度来引导和协调人的行为。当然人类已知的知识相对于未知的领域来说，仍是微小的。所以，尽管人的构建和计划能力比以前增强了，但总的来说经济社会的发展过程仍然表现出无目的、不可预测的演化性质。

本书认为，上述两种观点均有可取之处，亦有片面之处。对于人类在制度形成过程中的作用，既不能过于悲观，认为人类无计可施；也不能过于自负，认为人类可以通过构建不同的制度来控制经济社会发展的进程。像哈耶克那样认为制度的形成完全是自发演化的结果，就是过于悲观保守，这实际上否定了人的主观能动性。人与其他物种的根本区别在于人具有学习能力，人能够通过对历史的学习，总结出知识，既包括自然科学知识，也包括社会科学知识，当然也包括关于制度方面的知识。知识的作用就在于它可以提高人类行为的计划性，使人的行为更协调、更具有预见性。通过学习，人可以在一切方面表现出自己的能动意识，包括制度设计。但是，知识是无限的，而且知识的获取和积累需要过程，尽管目前人类在知识探索上已经取得很大进步，但相对于未知的领域来仍显得幼稚和弱小。所以，在制订计划包括设计制度上应该小心谨慎，以试验和探索的态度进行，而绝不可过于武断和自负。

5.3.2 制度变迁与路径依赖

制度变迁是指制度的替代、转换与交易过程，它的实质是一种制度对另一种制度的替代过程。在《制度变迁理论刚要——在北京大学中国经济研究中心成立大会上的讲演》中，诺斯认为制度变迁是一个制度不均衡时利益主体追求潜在获利机会的自发交替过程。[①] 路径依赖是制度变迁过程中经常会出现的一个特征，它指一个具有正反馈机制的体系，一旦在外部性偶然事件的影响下被系统所采纳，便会沿着一定的路径发展演进，而很难为其他潜在的、甚至更优的体系所取代。路径依赖强调了这样一个经济现象：在一定条件下，在动态经济过程中，存在的是多重均衡而非传统经济学分析结构所说的单一均衡。相应地，经济系统中存在着传统经济学所忽视的影响因素，如偶发的、微小的历史事件，它们有可能成为影响和决定系统最终将走上哪一条发展路径的重要因素，不同的历史事件及其发生次序，不会产生同一个均衡结果。就是说，经济会向哪个方向发展，是“敏感依赖于初始条件的”，这是制度变迁中路径依赖特征的本质含义。

路径依赖现象是无法用功能主义来解释的，因为路径依赖强调的是这样一种现象：一种制度在当前看来已经不是最优的，它应该被替代，但是在现实中却没有被替代。如果一种制度从理性计算看来在当前也是最优的，其本身就应该继续存在，其存在是人们所期望的，那就谈不上被锁定，也就称不上路径依赖。路径依赖是一种反功能主义的现象，对它的解释必须求助于演化的方法，即必须从过去已经发生的实际过程中来寻找当前这种所谓的“非最优”状态存在的原因。

演化分析包括时间、空间两个维度。从时间角度，因为存在对未

① 国彦兵：《制度经济学》，立信会计出版社2006年版，第424页。

来的不确定性，在进行初始选择的时候，无法准确预期到将来会发生的情况，只能在当时已知的条件下做出最优选择。随着时间进行，新的事件发生了，人们需要通过新的选择来适应新的环境状态，但是新的选择要受初始选择的限制。人们会把初始选择考虑在内做出最优选择，但这种选择对于不了解初始选择条件的人来说却可能是非最优的，因此，我们说当前的非最优状态是对初始选择的依赖，是由于被初始选择锁定所致。在企业活动中，最典型的例子是初始大规模固定投资对后续流量投资的限制，以及起初被选定的具有规模报酬递增性质的生产技术对后来才发现的更优生产技术的排斥。

在时间上，每个主体要受自己过去选择的限制。在空间上，每个主体还要受其他主体的限制。不同主体在空间上分散的独立选择也会造成非最优状态的存在。同样这种状态一旦形成也可能会长期存在，但这种非最优状态的延续，是因为空间上的信息不完全阻碍应有的集体行动所致。如果不同主体在空间能具备完全信息，从而能够采取协调一致的集体行动，那非最优状态的持续将会被打破。制度变迁的路径依赖特征是因为时间和空间两个方面的信息不完全所致，这是制度变迁的演化性质的表现，说明制度变迁过程具有客观性的一面。

5.3.3 制度的起源、制度塑造人的偏好

新制度经济学假定理性的个人是本源，制度是从给定的个人交互作用中形成的。因此，新制度经济学是在最初没有制度的“自然状态”基础上，运用个人行为给定的模式对制度的起源和维系加以解释，它开始于给定的个人，然后转向对制度的解释。但是许多演化主义者认为，新制度经济学的这种思路存在缺陷。亚历山大·菲尔德针对新制度主义试图按照给定的理性个人对制度加以解释提出了诘难。按照给定的个人，在试图解释社会制度的起源时，新制度经济学不得

不假定存在着一种管束他们交互作用的框架。对于任何被假设为制度是从中突现出来的“自然状态”来说，一些规则、文化和社会规范总是要被假定的。如果没有这些假定，在没有制度的“自然状态”下所进行的“思想试验”是无法展开的。就是说，个人之间的作用和交流依赖于一些能被他们共享的观念和概念，如果缺少这样一些能够共享的东西，个人之间的交流是不可能进行的，也就是说演化主义者认为“交流需要一种制度化的个人”。①这样一来，制度是从处在没有制度的“自然状态”中的个体之间交互作用中形成的这种思路就陷入了一种解释循环：制度来自个体的交流，个体的交流又依赖于事先的制度，这样无限倒推下去，永远没有止境。

演化主义者提出这种诘难的依据是个体之间通过获取并理解来自对方的信息进行交流，而要能理解对方的信息，就必须假定信息的含义能被发送者和接受者所共享，而这些能被共享的东西本身必然是制度的产物。因此，存在着一种对谁决定谁的无法被打破的循环。这种循环就像鸡和蛋谁在先一样，似乎是无法解开的谜。

笔者认为，事实并非如此。从进化的角度来分析，个体之间的作用在起初并不是通过语言和信息这种方式进行，而是通过行为本身来进行。在最开始，个体之间的交流表现为一种由行为产生的自然力之间的作用，而不是文明社会中普遍存在的以规则和习俗为基础的信息交流。我们知道有些小动物一生下来就因为各种原因离开了父母，它们被集中在一起人工饲养。如果由父母喂养，父母可以把它们那一代的文化和制度传给小动物，但是一生下来就离开了父母，它们在生命的起点什么也没有，唯一的存在是肉体本身，没习惯没有思维，更没有文化制度，甚至连生存下去本身都是来自一种本能，而不是目的。但是在人工饲养的过程中，在慢慢长大的过程中，那些小动物之间也

① 杰弗里·M·霍奇逊：《制度与演化经济学现代文选——关键性概念》，高等教育出版社2005年版，第313页。

会慢慢形成一种和谐的稳定的状态。以进食为例，在生命的最开始，当主人把食物放在它们面前的时候，所有小动物凭借对食物的本能需求一拥而上，拼命争抢，看不到一个个体对其他个体的影响，最后谁抢到多少，完全取决于自身力量的大小。但是慢慢地，在这些小动物长大的过程中，你会观察到主人把食物放到它们面前的时候，它们分享食物不再像开始那样没有秩序，相反，有些小动物主动走向一个有利的位置，而另一些小动物主动趋向一个不利的位置。习惯在它们之间产生了，这种习惯对它们来说就是一种制度，一种不是靠语言和信息维持的制度，而是靠行为习惯本身，而习惯是在肉体的抢食斗争中形成的。如果以这些小动物为起点，它们的后代延续很多年之后，也许会形成更高级的，可以在代际间传递的，能用类似语言的东西来加以表达的制度。如果我们相信生物进化论，如果我们认为人类也是来自一种动物，那我们就有理由相信，人类的个体在最初也是以肉体的自然力量相互作用，任何社会意义上的语言思维、习惯和制度都是后来演化产生的。就是说，在漫长的自然力斗争的过程中，通过互相的观察和适应，渐渐地产生了能够传递共享概念的更高级的交流方式，如语言、习俗、制度等。所以，在制度起源这个问题上，个体被赋予本源地位是能够成立的。这并不否定演化主义者强调的制度对人的塑造作用，不过这是在后来的制度演化和变迁过程中表现出来的特征。

由于在时间和空间方面的信息不完全，制度的形成和变迁也表现出演化的性质。这表现在制度形成上的不完全构建性、制度变迁过程的路径依赖和制度对制定制度的人的偏好的塑造作用。但是，制度并不是完全演化的，它在部分程度上具有可构建性，这是人类学习能力的表现，是人类发挥能动性的切入点。在一种不完全的程度上，人类可以通过对制度的设计来协调不同个体之间的关系，来增强不同个体间行为的一致性，从而提高人类集体行动的能力。

制度性质是企业二重性质的另一个方面，不完全构建性和路径依赖等制度变迁的演化性质从另一个侧面表明了企业组织形式的演化性质。同时，制度的部分可构建性也表明，企业组织形式的变迁并不是完全客观的，人们可以通过部分地构建制度来发挥人们在生产组织过程中的能动性。

5.4　技术与制度的关系

5.4.1　技术决定制度的含义

技术决定制度。在技术与制度的关系中，马克思认为技术处于根本性、决定性的地位。在马克思的理论中，技术和制度分别对应着生产力和生产关系概念。马克思通过对不同社会阶段生产力与生产关系矛盾运动过程的分析，揭示出生产力是推动社会历史发展的根本动力。马克思认为生产力是社会发展中最革命和最活跃的因素，是生产力的变化引起生产关系的变化，进而引起整个社会形态的变化。生产力在社会各种因素中是变化的动力源头。相较于生产力而言，生产关系在人类社会的发展中处于从属地位，它伴随着生产力的发展而发展。但是，马克思也认为生产关系对生产力具有反作用，根据其与生产力适应状况的不同，它可以促进和加快生产力的发展，也可以限制甚至阻碍生产力的发展。

马克思承认生产关系对生产力具有反作用，这就说明马克思不是机械的技术决定论者。生产力对生产关系的决定不是产生性决定，而是适应性决定。① 生产力是通过选择能够解放和促进自身发展的生产

① 产生性决定的意思是说一个事物出现之后，会必然地、机械地导致另一个事物的出现。适应性决定的意思是一个事物出现之后，它会作为另一个事物出现的条件，另一个事物的出现并不是这一事物的直接结果，而是因为比其他事物更能够适应这一事物才出现。

关系来决定生产关系的。而且，生产力对生产关系的决定作用以及生产关系对生产力的促进或阻碍作用不是天然地实现的，而是通过人类的活动实现。马克思的革命理论正是说明了这一点。马克思支持革命、倡导革命，正是说明马克思认为在生产关系已经不适应生产力发展，并且生产关系不能通过自身调整来改变时，人们应该通过革命这种最具有社会能动性的方式来强制性地变革生产关系，为生产力的发展创造条件。

关于生产力的发展，马克思说过："生产力是人们的实践能力的结果，但是这种能力本身决定于人们所处的条件，决定于先前已经获得的生产力，决定于在他们以前已经存在、不是由他们创立而是由前一代人创立的社会形式。"① 由此可见，生产力发展是通过对现有生产力的使用来实现的。这个观点蕴涵着两层含义：（1）现有的生产力水平决定了生产力未来的发展，这说明了生产力发展过程中的积累性因果关系，其中蕴涵着演化思想。（2）对现有的生产力条件的利用状况决定了未来的生产力发展。生产关系正是通过影响生产过程中对现有生产力的使用效率来影响未来生产力的发展。在任何时刻，现有生产力水平都是既定的，是人们不能选择的，是过去历史活动的结果。技术进步的不可预测性指明了人们不可能选择未来的生产力，未来的生产力是未知领域，人们当然不能明确地选择。所以，生产力的发展水平取决于历史上所有时期的生产关系状况。

因此，我们不能仅仅从字面意义上去理解马克思关于生产力与生产关系的关系的论述，而是应该深入到决定与被决定，作用与反作用这些词语的实现过程和微观机理上，并结合马克思的整体理论体系来理解和把握二者的关系。马克思的哲学原理是他的所有理论的基础。马克思关于客观与主观、物质与意识辩证关系的论述是他的哲学原理

---

① 《马克思恩格斯全集》第27卷，人民出版社1972年版，第477～478页。

的核心。生产力与生产关系原理是马克思把辩证唯物主义运用于历史过程分析的结果，生产力对生产关系的决定作用，所反映的是客观对主观的限制作用，而生产关系对生产力的反作用，所说明的是主观意识对物质客观的能动反作用。马克思的革命理论和科学社会主义理论是生产力与生产关系原理的实践含义。用革命的手段打破旧的资本主义生产关系，建立起新的社会主义生产关系正是人的动能性的体现，是通过变革生产关系来促进生产力发展的具体行动。马克思认为生产力是不能选择的。所以，生产关系是人类发挥能动性的切入点，人们通过在一定程度上构建和选择生产关系来发展生产力。

马克思对生产力的根本地位的强调可以从两个方面理解：（1）生产力是人类实践能力的直接决定因素，只有生产力才能解决人与自然之间的矛盾。生产力是真正的物质力量。生产关系本身不是目的，人们之间发生一定的生产关系是为了更好的使用生产力和发展生产力。生产关系必须通过生产力才能发挥它的作用。（2）强调生产力的根本性、决定性，证明了资本主义生产关系的历史暂时性，说明资本主义被社会主义替代是必然的、不可抗拒的，为革命的正义性和可行性提供理论支持。但是，生产力尽管是根本因素，人们却不能直接选择生产力，而只能通过选择生产关系来发挥自己的能动性，来间接地影响生产力的发展。所以，不能仅仅根据字面意思，就简单地说马克思认为生产力和生产关系谁更重要，更重要的是要认识到在哪一种意义上谁更重要。

5.4.2　制度重要性的含义

在技术与制度的关系上，与马克思不同，凡勃伦和熊彼特更多地强调了制度在经济发展过程中的作用，尽管他们也都承认技术进步是制度变迁的内在动力。新制度经济学的代表人物诺斯在强调制度的重要性方面达到了极致。他认为制度是经济增长的决定因素，高效率的制度安排是经济增长的关键。首先，诺斯认为在投入要素没有增加，而只有制度创新的情况下，也能产生经济增长。他通过对1600～1850年间世界海洋运输业的考察发现，在没有重大技术进步的情况下，仅仅通过改进和完善船运制度和市场制度，仍可以大大提高海洋运输的生产率。其次，诺斯认为有效率的组织是增长的关键因素。与传统观点把近代欧洲经济高速增长的原因归结为产业革命不同，诺斯认为产业革命是近代欧洲经济增长的结果而不是原因。他认为产业革命所包含的技术创新、规模经济和资本积累等现象乃是发展本身，而不是发展的原因。最后，他指出，“西方世界兴起的原因就在于发展了一种有效率的经济组织。有效率的经济组织需要建立制度化的设施，并确立财产所有权，把个人的经济努力不断引向一种社会性的活动，使个人收益率不断接近社会收益率。”① 因此，有效率的制度安排是经济增长的关键。

认识到制度的重要性具有很强的政策含义。虽然科学技术是第一生产力，是经济发展的根本原因，但是技术进步具有自立性，是不可预测的。因此，人们不能通过直接选择技术来推动经济发展。制度虽然也是演化的，但人们可以在一定程度上构建和选择制度，制度的部分可选择性是人类发挥能动性的切入点。不同的制度安排引起人们在生产过程中不同的积极性，进而影响资源的配置效率和社会的经济绩效。制度不是直接的生产力，但它可以通过影响对现有生产力的使用效率以及影响技术进步的速度来间接地影响经济发展的进程。认识到制度对技术的反向决定作用是避免机械决定论的关键。正是因为制度对技术具有反向决定作用，世界经济的领导中心才有可能不断变化，落后国家才有可能赶超先进国家，先进国家也有可能变为落后国家。

① 卢现祥、朱巧灵：《新制度经济学》，北京大学出版社2007年版，第513页。

这其中的关键因素就是制度创新。

5.4.3　技术和制度互相作用

马克思强调技术的决定性地位，诺斯则更加强调制度的作用，他们的观点都没有错，不同点源于他们分析问题的角度不同。我们应该把他们的观点放在各自的更广的理论体系中去理解。马克思强调生产力对生产关系的决定作用，是为其“社会发展的规律是客观的”这一论点服务的。因为马克思的哲学观是物质决定意识，所以，马克思的历史观更强调人类历史演化中技术这一物质的客观的方面。马克思的思路是，技术是自发演进的，是不能选择的，不以人的意志为转移的，而制度选择是在既定的技术条件下进行的，所以，无论选择什么样的制度，都是由既定的技术前提决定的。当然马克思也分析到了制度对技术的反作用，但是在他的分析中，制度是被动的因素。诺斯对制度的强调是为了突出不同制度选择对未来一个时间里经济发展的决定性作用。他是从一种动态的角度看问题的。制度选择虽然是在一定的技术条件下进行的，但是今天的制度选择将决定明天的技术水平，而且今天作为制度选择前提条件的技术水平是由昨天的制度选择决定的。

在制度演化的任何阶段，技术都与客观的自然条件一起为制度创新创造一种外部环境，制度创新受制于这个外部环境，只有适合这个外部环境的制度才能流行起来。在这个意义上，技术决定制度。流行的制度有时候是人类构建的结果，但在更多的时候，更广的范围内，流行的制度是通过个体之间的竞争自然选择的结果，就是演化的结果。

技术发展具有自主性，是历史发展永恒的、根本的动力，但因为技术进步的不可预测性，人类不能直接选择技术。因此，人类不能通过直接影响技术本身发挥自己的能动性。制度在一定程度上具有构建性和选择性，这是人类发挥能动性的切入点。人类可以通过有效率的制度安排，充分激发人的劳动积极性，把个人的努力引向生产性活动，从而促进技术更快的发展。同样，无效率的制度将延缓甚至阻碍技术进步。在这个意义上，制度决定技术。技术是直接生产力，它的进步是发展本身。在技术进步具有自主性的前提下，制度决定技术进步的速度。

在演化过程中，相对制度而言，技术更加活跃，发展变化的速度更快，所以，技术的发展表现出某种连续性。相比之下，制度则相对更稳定，其更替和变化则要慢得多。所以，制度的发展表现出相对的刚性和阶段性。但是，随着经济社会的发展，制度的更替和变化将会越来越快，渐渐地也表现出某种连续性。就是制度将越来越多地通过连续的不断的改良，而不再是间断的革命的形式来演变。技术和制度互相适应的状态叫做均衡，在均衡状态下，生产组织的效率会更高；技术和制度不相适应的状态叫做非均衡，在非均衡状态下，生产组织的效率比较低。在人类历史发展的初期阶段，关于技术和制度的知识储备很低，对技术和制度的发展规律认识不足。在这种“无知”的条件下，技术和制度更多的时候是处在非均衡的状态下，均衡只是偶然现象，而且均衡与均衡之间的间隔时间很长。但是，随着人类知识的积累，技术和制度变化和更替的速度会越来越快，在未来某个时间将可能达到完全连续更替的程度。这样，从一个均衡到另一个均衡的时间将越来越短，以至均衡将表现为一种常态。如图 5.1 所示：A 图表示技术演进的特点，表现出连续性。B 图表示制度演进的特点，在时间 T_2 之前表现出刚性和阶段性，但是阶段性越来越小，在 T_2 之后表现为连续性。C 图表示技术和制度的共同演进，技术演进线和制度演进线重合表示（技术，制度）均衡。在时间 T_2 之前非均衡表现为常态，均衡只是偶然的现象，比如在时间 T_1 时的 A 点；在时间 T_2 之后均衡表现为常态。

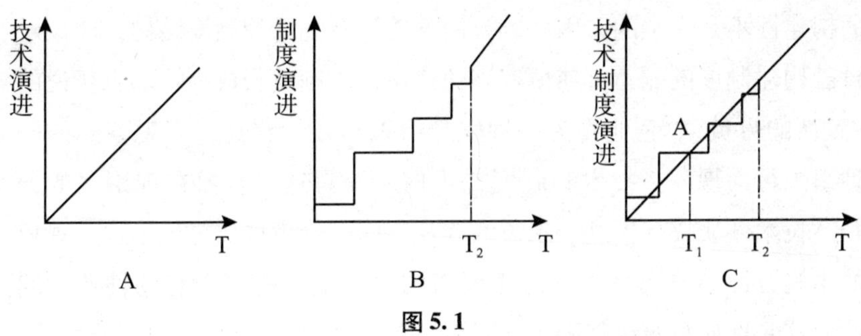

图5.1

技术是与生俱来的，从发生意义上讲，技术先于制度。人类在以个体形式存在的历史阶段中所发展和积累起来的个人生产力为人类进入以群体形式存在的历史阶段后需要建立的制度创造了一种最初的外部环境。在这种意义上，技术相对于制度具有首要性的地位，技术决定制度的形成。但是一旦人类最初的制度建立，就会对技术的发展产生反向决定作用。从此，技术和制度开始协同演化，互相决定，互为因果。从理论上讲，如果有一天技术的发展水平足以使人类的竞争性需求得到充分满足，那么，根源于人类利益冲突的制度就会消失，人与人之间将只存在技术意义上的关系。因此，技术进步将贯穿整个人类历史，而制度不过是特定历史阶段中为协调人类利益冲突而形成的一个暂时的历史的产物。

企业是一个技术和制度的组合，技术性质和制度性质是企业二重性的两个方面，它们在变迁过程中表现出来的演化性质以及二者互为因果、互相决定的协同演化关系都表明了企业组织形式的变迁也是一个演化过程。一方面，技术进步过程的客观性决定了企业组织形式的变迁是一个客观的过程，是不以人的意志为转移的。人们不能完全按照自己的意志来选择生产组织的具体形式，而必须以现有的既定的技术状态为条件。另一方面，制度的部分可构建性为人类在生产组织过程中发挥能动性提供了切入点，人们可以通过部分的构建制度来能动地影响生产组织的效率。不过，制度变迁自身的演化性质表明，制度的构建性不是完全的，因此，人们不能任意地选择制度结构，应该对自己构建制度的能力有谨慎客观的认识，否则就会成为哈耶克所说的“致命的自负”。企业作为一种生产组织形式，它是人们观察到的一种组织行为现象，技术和制度二重性质是对这一现象在理论上的分割。技术性质描述了这一现象的客观方面，制度性质描述了这一现象的主观方面。技术性质是与生俱来的，是生产行为固有的性质，因此，这一性质将永久伴随生产活动。制度不是生产行为固有的性质，它是组织行为在资源稀缺状态下特有的性质，随着技术的发展和物质变得充足，制度性质将会消失。因此，组织的制度性质是一个暂时的、历史的范畴。

第6章

企业组织形式的变迁

本书前面部分从理论上阐述了企业的二重性质以及技术性质和制度性质的关系，本章将从历史的角度，循着历史脉络较为系统地考察企业组织形式的具体演变过程，并对每种企业组织形式的技术性质和制度性质进行具体的分析。分析表明，每种企业组织形式都是特定的技术与制度的组合，从而从纵向视角进一步支持了本书所提出的企业二重性质这一基本观点。本章共分四节：6.1 节考察手工业与包买商制度；6.2 节考察手工工场；6.3 节考察大机器与工厂；6.4 节考察企业的网络化组织形式。

6.1　手工业与包买商制度

6.1.1　家庭手工业

手工业最初是以家庭副业的形式发展的。在历史的早些时候，“家庭内部结构可以划分为两个单元：一个是由血缘亲属组成的单元，简称为亲属单元，其基本职能是抚育后代和赡养老人；另一个是由参与生产的家庭成员组成的功能单元，简称为生产单元，它包括家庭亲属成员，也包括非亲属成员（包括非直系亲属、奴仆、帮工、杂役等），其基本职能是为整个家庭提供物质生存条件。”在生产单元内部，也存在一个结构，有主业和副业之分。在家庭组织最为发达的农业社会中，家庭所从事的主业是农业，此外都是副业。副业主要包括纺织、成衣、制鞋、工具制造等，这些副业主要是采取手工劳动的形式，因此统称为家庭手工业。在手工业从农业中彻底分化出来之前，农业活动和农村的家庭手工业活动一直是结合在一起的。一般说来，主业居于主导地位，副业则居次要地位，一个很好的例证是：在农忙时节，副业活动往往要停止下来，从事副业的人手都去协助农事活动。①

家庭手工业组织非常简单，这是简单的设备决定的。以 17 世纪英国毛纺工业使用的织机为例。织物的经线平行地绷在一个双框子上，框子的两个骨架靠两个脚踏板来使自己轮流上落；至于纬线，织工就把织梭每次从一只手递到另一只手去。从 1773 年起，有了一种精巧的装置，用一只手就能把织梭抛出去又拉回来，但是这种改良传播很慢。其余的装置则更简单。说到刷毛，则用毛刷子，其中一个是固定在木座上面、不能移动的。至于纺毛，则使用 16 世纪以来使用的毛纺车或脚纺车，往往甚至使用那种和纺织工业本身一样古老的卷线杆和纺锤。小生产者不难购买这一切不值钱的工具。他的门口就有冲去羊毛上油脂和洗涤呢绒所需的水。假设他想把所织的织物自己来染色的话，有一两个染缸就够了。② 由于家庭手工业所需的设备非常简单，在大一些的家庭，一家人就可以应付一切。妻子和女儿管纺车，儿子刷羊毛，而丈夫则使用织梭去织，这就是家庭手工业的典范图画。

家庭手工业这种生产组织形式有其特殊的技术性质和制度性质。

---

① 林金忠：《企业组织的经济学分析》，商务印书馆 2004 年版，第 83、84 页。

② 保尔·芒图：《十八世纪产业革命——英国近代大工业初期的概况》，商务印书馆 1991 年版，第 39 页。

首先，家庭手工业使用的工具往往非常简单，有许多是家庭自己制作的。其次，家庭手工业产品所使用的许多原料直接来自农业和畜牧业，家庭手工业者往往可以从自身家庭的农业活动中获取这些原料。再者，家庭手工业带有很强的自给自足性质，只是在产品有剩余时才拿到市场上去出售。与这样的技术条件相对应，家庭手工业在制度安排上表现为大多数活动在同一个家庭内部完成，包括生产原料、制造产品和销售产品。这是因为简单的工具、自给自足的原料以及近距离的市场，使得单个家庭就可以很容易的积累到组织所有这些活动所需要的资本。

6.1.2　城市行会手工业

农村家庭手工业在城市表现为行会手工业。参加行会的是各个行业的手工业作坊的主人——行东或师傅。“不断流入城市的逃亡农奴的竞争；乡村反对城市的连年不断的战争，以及由此产生的组织城市武装力量的必要；共同占有某种手艺而形成的联系；在公共场所出卖自己的商品（当时的手工业者同时也是商人）的必要性和与此相连的禁止外人进入公共场所的规定；各手工行业间利益的对立；保护辛苦学来的手艺的必要，所有这些都是各行业的手艺人联合为行会的原因。”① 行会手工业作坊实行的是师傅—帮工—学徒的等级制度。在手工业作坊中，师傅、帮工和学徒都是劳动者，都必须从事产品的全部生产过程。学徒和帮工在师傅家里吃，往往还住在他家里，又在他旁边工作，老板并不把他们看作隶属于一个与自己阶级有所不同的社会阶级。学徒经过一段学艺时间以后可以成为帮工，帮工在一定时间②后经过考核并聚集一笔自行开业所必需的小额资本，就可以成为

① 谢富胜：《分工、技术与生产组织变迁》，经济科学出版社2005年版，第140页。

② “在英国，大多数手工业行会把学徒学习手艺的时间定为7年。在巴黎，一般规定学徒学医5年，5年师满后，至少必须再当5年帮工，才能取得当行东的资格……帮工升格为行东，要经过考核”（厉以宁，2003，第111页）。

师傅或行东。“一个有好名声的青年人，总会借到钱去购买其所需要的羊毛，并成为老板兼工匠。”[①] 在手工业作坊中，师傅带领帮工和学徒，在一定时间内生产出一定数量的产品，以预先规定的价格直接出售给公众。行会手工业制度下的师傅与帮工和学徒之间的关系，不是一种雇佣与被雇佣的关系，而是一种宗法制度下的师徒关系。[②]

城市的进一步发展，依赖于商业的发展。“城市手工业本身一旦和农业分离，它的产品一开始就是商品，因而它的产品出售就需要有商业作为媒介，这是理所当然的。因此，商业依赖于城市的发展，而城市的发展也需要以商业为条件。”随着经济社会的发展，“城市之间彼此发生了联系，新的劳动工具从一个城市运到另一个城市”。从12世纪开始，弗朗德勒和意大利的手工业者就开始为比城市市场更广阔的市场生产。手工业者为了把自己的产品拿到远方的集市出售，不得不停止生产，只得在回去以后才能继续生产。一些生产条件比较好的、有能力的手工业者，逐渐脱离生产，专门从事商业活动。起初他们主要是把邻居的产品和他们的产品一起带到市场上，后来他们就直接收购许多行会师傅的产品，自行拿到远处出卖，并逐渐向手工业者提供原料，从买卖两方割断了手工业者和市场的联系，从而使手工业者逐渐从属于商人。但是这种从属关系在城市遭到了手工业者的激烈抵抗。例如，“13、14世纪时，激烈的阶级斗争激荡着弗朗德勒和意大利的公社，这些斗争又常常以手工业者的胜利而告终。”[③] 为了避开城市行会的严格规章制度和城市手工业者的高工资，商人开始向农村包活，逐渐形成了包买商制度。

行会手工业的技术性质和制度性质。行会手工业使用的工具一般

---

① 保尔·芒图：《十八世纪产业革命——英国近代大工业初期的概况》，商务印书馆1991年版，第41页。

② 在行会手工作坊中，师傅与帮工之间的所得相差不是很大。“在14世纪的伦敦，瓦匠行东依照季节每日赚得4个半到5个半便士，而帮工则得到3到3个半便士”（布瓦松纳，1985，第216页）。

③ 曼德尔：《论马克思主义经济学》上卷，商务印书馆1979年版，第105页。

会比家庭手工业复杂，这是因为城市行会手工业者由于脱离农业使得他们可以专注于手工业的生产，专业化生产会使得他们的手工技巧和使用的工具更复杂。而且手工业产品是城市行会手工业者唯一的生活保障，这使得他们之间的竞争更激烈，因而更加注重对自身技巧和工具技术的发展与积累。城市行会手工业者完全脱离农业，他们所需要的所有原料都要从市场上购买。而且，城市行会手工业的产品在一开始就是商品，他们的生产是为了销售而不是自给自足。这使得与家庭手工业者相比，他们对市场的依赖更强。与这样的技术条件相对应，城市行会手工业在制度上的表现是，产业内分工有所发展。这是说一个产品在最终到达消费者之前，有关它的生产和销售活动不是在同一个行会作坊内部完成的。有的专门生产原料，或是对来自农业活动的原料进行初加工；有的专门进行产品本身的生产，或是只生产产品的一个环节。而且，城市的商业也比农村发达，许多产品的销售活动本身已经专业化了。

6.1.3 包买商制度

在西欧封建社会的农村中，农民生活消费的需要和地租向货币形式的转换，使农民需要货币来缴纳地租或购买自身不能生产的商品。农民逐渐把为交换而生产手工业品作为获得货币的重要来源。集市贸易的发展进一步加强了农村家庭手工业生产的交换导向。与城市不同的是，农村的家庭手工业基本没有行会的限制，制约农民家庭手工业发展的主要是原料的供给和产品的销售。“这种自由生产有个前提条件：在附近的市场容易取得原料，成品一般也在那里销售”。[1] 在当时的经济中，限制工业生产的因素是需求，而不是供应。一方面，与

① 布罗代尔：《15至18世纪的物质文明、经济和资本主义》第二卷，生活·读书·新知三联书店1993年版，第335页。

农业活动难以分离的农民家庭手工业，显然不具有开拓更大市场的能力。另一方面，城市行会对商品生产的严格限制、商人专门从事交换活动的专业化优势以及低成本的农村劳动力，促使了作为农民家庭与市场之间的中间商人即包买商的产生。①

在13世纪到18世纪中叶工业革命以前，包买商制度在许多国家或地区的很多行业广泛存在。例如，在西欧的意大利、法国、佛兰德、德国、英国等地的绸缎生产、花边加工、剪刀生产、纺织业、造纸业、印刷业、造船业等都流行包买商制度。由于纺织品市场的扩大，② 使纺织业成为盛行包买商制度最典型的行业。在包买商制度下，“商人成了工业家，或者不如说，他让那些手工业性质的小工业，特别是农村手工业为他劳动。”③在许多地方，从制造过程一开始，呢绒商人就参与其事。他拥有原料，因而也拥有各种相继形式上的产品；经手加工产品的那些人，虽然有表面上的独立性，但实质上只不过是些受雇于老板的工人而已。然而，这些工人与手工工场或后来的工厂中的工人仍有很大差异。他们大多住在乡间，并比一些小制造业者更多地从农业上得到一部分的生活资料。对他们来说，工业往往只是一种副业：丈夫下田，而妻子则纺临近城市商人交来的羊毛。利兹附近“没有一个佃农专靠种地谋生，所有的人都为城市呢绒商工作”④

尽管农村手工业者受到包买商的支配，但他们独立的生产者地位还没有完全丧失：手工业活动对农民来说，还只是副业，农民手工业者既可以接受也可以不接受加工订货任务，可以不接受这一包买商的计件报酬，而接受另一包买商的计件报酬。但是，小生产者抵抗经济

①③ 谢富胜：《分工、技术与生产组织变迁》，经济科学出版社2005年版，第144页。

② “商业意义上的对纺织品的大量需求源自于城市中产阶级、贵族阶层、教会及国家。国家的需求主要是为了供应部队”（奇波拉，1988）。

④ 保尔·芒图：《十八世纪产业革命——英国近代大工业初期的概况》，商务印书馆1991年版，第43页。

波动的力量是很弱的。“对小农民来说，只要死一头母牛，他就不能按原有的规模来重新开始他的再生产。”[①]“他试图借贷，但是，若不向雇佣他的那个呢绒商去借，又向谁借呢？这个呢绒商很愿意放贷，不过他要抵押品。因此，织工的织机就成为抵押品了，这个织机在过去是工资劳动者的工具，可是现在却不属于生产者了。这样继原料之后，设备也落到资本家手里。”[②] 包买商和家庭手工业者之间的从属关系发生了变化：包买商供给生产工具，使家庭手工业者不得不接受供给工具的包买商所分配的活计。包买商以预付货款的形式供给资金，使家庭手工业必须按期完成包买商的订货单。制成品的销售和高利贷性质的预付货款，使家庭手工业者对包买商没有选择余地，最终丧失其独立生产者的地位，变成实际上从属于包买商的计件工人。在毛纺工业的某些部门中，由于设备比较复杂因而也比较贵，所以资本家的控制就更快和更完全。[③] 至此，作为家庭手工业和手工工场之间的中间物的包买商制度取得了它的最完成的形式。资本家也从起初单纯的买主变为逐渐控制整个生产的商人。

与单纯的家庭手工业相比，包买商控制下的家庭手工业者会投入更多时间于手工业产品的生产，这是因为由于销售的专业化，他们不用为剩余产品发愁。更专注的生产活动必然会对生产工具有更高的要求，与大多数单纯的家庭手工业者自制工具相比，包买商控制下的家庭手工业者使用的工具更多的来自专门的工具生产作坊，这或是他们自己购买，或是包买商购买之后分配给他们。在包买商有计划地组织下，这时的手工业家庭之间会有更多的分工，他们往往不再生产整个产品，而是只生产其中的一个或几个部分。与单纯的家庭手工业分散、独立的生产相比，包买商控制下的家庭手工业生产更有计划性，

① 谢富胜：《分工、技术与生产组织变迁》，经济科学出版社2005年版，第145页。

② 保尔·芒图：《十八世纪产业革命——英国近代大工业初期的概况》，商务印书馆1991年版，第44页。

③ 同上，第45页。

这是因为包买商会投入更多的时间了解市场行情，并从更长期的角度来安排生产。与这样的技术条件相对应，包买商组织下的生产在制度上的表现是，更多的原料、生产工具和半成品集中到单个包买商所有权之下，家庭手工业者只是提供劳动服务，开始表现出后来的手工工场工人的性质。这种制度安排使包买商可以更好地控制家庭手工业者，以便能够更顺利地完成生产计划。

6.2 手工工场

6.2.1 以简单协作为基础的手工工场

包买商制度进一步打破了家庭手工业自给自足的封闭特性，促使家庭手工业加快演变为以交换为主要目的的家庭作坊，推动了商品交换的发展，扩大了制成品的市场规模。但是，包买商制度由于其内在缺陷，不能满足日益扩大的市场需求。首先，包买商没有办法强迫家庭手工业者工作到一定的劳动时间：家庭织工或工匠是自己时间的支配者，他喜欢什么时间开始工作就什么时间开始工作，喜欢什么时间结束工作就什么时间结束工作。而且，“农业与工业有时是那么紧密地联系着，以致任何一方活动的增加都以它方活动的等量减少为前提。”在收获季节，作为副业的手工业活动必然会减少。再者，家庭手工业者的生产工具极其简单，技术落后，生产规模小，效率低，劳动分工有限，使产品制造过程极为缓慢。在市场需求持续扩张过程中，尽管可以通过开辟新的地区来进行扩张，但是在交通便利的地区都被纳入包买商制度之后，进一步区域扩张会由于运输成本增加而难以为继。由于这些原因，在包买商制度存在的同时，手工工场这种新的生产组织形式逐渐发展起来。①

随着市场规模不断扩大，对手工业作坊产品的需求促使有实力的行东们力图突破行会的各种限制，以扩大生产规模，采用新技术。在扩大的手工作坊中，师傅本人不再参加劳动过程，变成了一个以雇佣劳动者为主进行生产的老板，其收入主要来自帮工与学徒的无酬劳动。帮工和学徒成为作坊的主要劳动者，他们与师傅之间的关系已经变为老板和受剥削的劳动者之间的关系。另外，为了解决农村家庭手工业生产规模狭小和市场需求急剧扩张的矛盾，一些包买商开始把生产工具收集到自己家中，雇佣劳动者在自己家里进行某些工序的生产，同时也雇佣一些在家里劳动的工人。这样包买商控制下的家庭手工业就逐渐演变为手工工场，包买商就变成了早期的资本家，家庭手工业者成为“自身属于别人的、并且只是作为工作机而使别人感兴趣的工人。”②

城市手工作坊的扩大和包买商在自己家里组织工人进行生产，都是通过将从事同类工作的手工业者连同他们的劳动工具集中在同一场所，其规模都不是很大。“就生产方式本身来说，初期的工场手工业，除了同一资本家同时雇佣的工人较多而外，和行会手工业几乎没有什么区别。行会师傅的作坊只是扩大了而已。”在早期的手工工场中，几乎没有分工，即使有，不过是在某些辅助工作如一些准备或整理工作中。集中起来的工人在同一时间、同一资本指挥下，在同一空间为生产同种商品而工作，这就是早期以简单协作为基础的手工工场。简单协作的手工工场在一定程度上解决了狭小的手工业生产与市场需求之间的矛盾，其效率主要有三个原因：（1）由于资本强制工人服从纪律；（2）由于共同利用像建筑物、工具等这样一些一般的

① 谢富胜：《分工、技术与生产组织变迁》，经济科学出版社2005年版，第148页。
② 同上，第151页。

劳动条件；（3）由于大量采购原料。①

与手工业生产和包买商制度相比，工场手工业在技术性质上最大的特点是生产的集中。在手工工场中，大批工人被集中在同一厂房内部，在同一时间、同一资本家的指挥下进行协作劳动。与工人的集中一起进行的还有生产原料和生产工具的集中。协作劳动以及对集中起来的生产要素的共同使用，使生产效率大大提高。与生产要素在空间上的集中相对应，手工工场在制度上的安排是生产要素所有权的集中。为了使生产要素能够完全按照自己的意志使用，资本家需要把所有权集中在自己手中，这样工人因为失去生产资料而不得不服从资本家的指挥。在客观上，这种安排也有利于生产计划顺利完成，从而提高生产效率。

6.2.2　以分工为基础的手工工场

通过小商品生产者的分化建立手工工场是一个缓慢的过程，这种缓慢的过程显然不适应急剧扩张的市场需求。在16世纪中叶的英国，少数人通过海外掠夺、奴隶贸易、贩卖毒品、殖民贸易等手段积累起大量的货币财富。小商品生产者的破产、早期的圈地运动造成了一些一无所有的劳动者。在这两个条件逐步具备的基础上，简单协作的手工工场随着其规模的扩大，逐步演变为以分工协作为基础的手工工场。

以分工协作为基础的手工工场主要是以两种方式产生的。一种方式是，不同种的独立手工业的工人在同一资本家的指挥下联合在一个工场里，产品必须经过这些工人之手才能最后制成。例如，马车过去是很多独立手工业者，如马车匠、马具匠、裁缝、钳工、铜匠、旋

① 马克思：《机器、自然力和科学的应用》，人民出版社1978年版，第53页。

工、饰涤匠、玻璃匠、彩画匠、油漆匠、描金匠等劳动的总产品。马车工场手工业把所有这些不同的手工业者联合在一个工场内，他们在那里同时协作地进行劳动。起初，马车工场手工业是作为独立手工业的联合出现的，劳动形式的主要立足点还是简单协作，但是，很快就发生了本质的变化。专门从事马车制造的裁缝、铜匠等等，逐渐地失去了全面地从事原有手工业的习惯和能力。马车生产逐渐地分成了各种特殊的操作，其中每一种操作都固定为一个工人的专门职能，全部操作由这些局部工人联合体来完成。分工协作的工场手工业也以另一种相反的方式产生。许多从事同一个或同一类工作的手工业者，同时在同一个工场里为同一个资本所雇佣。起初，他们仍按照原有的手工业方式进行劳动，每个这样的手工业者都制造整个商品，但是外部情况很快促使人们按照另一种方式来利用在同一个场所的工人和他们同时进行的劳动。例如，必须在一定期限内提供大量完成的商品这种情况，就是如此。于是，劳动有了分工。各种操作不再由同一个手工业者按照时间的先后顺序完成，而是分离开来，每一种操作分配给一个手工业者，全部操作由协作者同时进行。商品从一个完成许多种操作的独立手工业者的个人产品，转化为不断地只完成同一种局部操作的各个手工业者的联合体的社会产品。

与上述相对应，工场手工业的组织有两种基本形式。一种是由各个独立的局部产品纯粹机械地组合而成，如钟表、马车制造，称为混成的或分散的手工工场。一种是依次经过一些相互关联的过程和操作取得完成的形态，如制针，称为有机的或集中的手工工场。在混成的手工工场中，其所制产品的零件或工序有的在工场内通过协作劳动制造或完成，有的则是由独立的手工业者分散生产。手工工场主为节约厂房等生产资料，一般将零件或某些工序交给在自己家里劳动的手工业者生产，按时、按质、按量交货，最后由手工工场工人将零件或半成品组装成成品。因此，分散的手工工场实际上是处于包买商控制下的家庭手工业向手工工场过渡阶段的一种生产组织形式。在有机的手工工场中，其所生产的产品要经过相互关联的一系列操作，这些操作在空间上并存，在时间上并进。在有机的手工工场内部，一方面，由于每个从事特定操作的工人的产品同时只是成品的特殊的发展阶段，所以前一个局部工人的劳动产品，成为后一个局部工人劳动的起点，各种局部劳动紧密联系，互相依赖，使每个局部工人在自己的局部操作上只花费必要的时间，并形成了劳动过程中的连续性、规则性、划一性。另一方面，由于不同操作时间和提供产品数量的差异，为了使劳动过程连续进行，不同的操作就必须使用不同比例数量的工人。因此手工工场内部分工“不仅使集体劳动者的质上不同的器官简单化和多样化，而且也为规定这种器官的量，即为从事某种专门职能的工人的相对人数或工人小组的相对大小，创立了数学上固定的比例。”①这种工场内部的结合大大增加了一定时间内提供的商品量，是手工工场的完成形式。

以分工协作为基础的手工工场，不仅具有简单协作的手工工场的优势，而且其内部分工进一步提高了劳动生产率：由于工人反复从事同一种操作，节约了变换劳动工具和移动工作地点等的时间，提高了工作效率。同时，反复进行同一操作，也使操作方法不断得到完善。适应局部工人操作的分化、简化，工具也适应手工劳动的需要而不断分化、专门化和多样化。工具的改进不仅为机器的产生创造了物质条件，而且重要的是，简化的操作和工具使工场主可以雇佣非熟练的劳动者如妇女、儿童从事生产过程，并利用过度劳动和夜间劳动以及低于正常的劳动条件来尽可能地降低成本。②

与简单协作的手工工场相比，以分工为基础的手工工场在技术性质上表现为，工人之间的分工更细致、更稳定，与此同时生产工具也

① 马克思：《资本论》第1卷，人民出版社2004年版，第400~401页。

② 谢富胜：《分工、技术与生产组织变迁》，经济科学出版社2005年版，第154页。

更加专业化。被集中起来的工人在日复一日的共同劳动过程中，会自然而然地形成互相之间的分工，由简单协作劳动转变到分工协作劳动。劳动专业化的过程与生产工具专业化的过程是同时进行的，二者互相促进，互为因果。劳动分工使得每个工人只能掌握局部的劳动技巧，自已不能独立完成一个完整的产品。生产工具的专业化和复杂化也使得普通工人无力自身购买这些工具，而只能使用资本家的工具。这些都使得劳动者对资本家的依赖性更强，因此，更多的工人被集中在同一手工工场内部。规模扩大的手工工场可以在内部进行更细致的分工，而且在生产资料的采购和产品的销售上可以获得规模经济。与这样的技术条件相对应，分工协作的手工工场在制度上的表现是单一资本产权更加强大，而且由于规模相对较大，工场内部的管理组织制度也有一定程度的发展。

6.3　机器与工厂制度

6.3.1　机器的发展

生产方式的变革，在工场手工业中以劳动力为起点，在机器大工业中以劳动资料为起点。因此，对于大工业首先应该研究，劳动资料如何从工具转化为机器。这里首先需要区分机器和工具。有人认为机器和工具的区别仅在于其复杂程度，工具是简单的机器，机器是复杂的工具。这种说法没有看到二者之间的本质区别。虽然任何机器都是由简单的力构成，不管它怎样改装和组合。但是从经济学的观点来看，这种说明毫无用处。还有人认为，工具和机器的区别在于它们的动力不同：工具的动力是人，机器的动力是不同于人力的自然力，如牲畜、水、风等。按照这种说法，在各个极不相同的生产时代存在的牛拉犁是机器，而一个工人用手推动的、每分钟可织96000个线圈的克劳生或回转织机就只不过是工具了。而且，同一台织机，用手推动时是工具，用蒸汽推动时就成为机器了。可见，这一说法之不可取之处是显而易见的。芒图认为，机器不是人手中的工具，而是一种人为的手。它和工具的区别，与其说是使它动作起来的自动力，不如说是它能够发生的运转，这些运转是由工程师的技术纳入它的转动装置的，并且代替手的操作、习惯和技巧。例如，管理一架机器的工人的任务在于，使它动作、停止、供给它的原料、照料它的运转。但是，他在机器所承担的操作方面，除去使它加快或放慢、或者至多保证它能正常和顺利地完成工作以外，是不加过问的。他的勤快或马虎，与其说会使工作的品质有所不同，倒不如说会使工作的数量有所不同。相反的，工具在使用工具的人手中是不能自动的。体力劳动者的技能和智慧，都决定着生产乃至生产的细枝末节。[①] 这一说法也还是含混的。

实际上，对机器和工具做出准确区分的是马克思。[②] 马克思认为，所有发达的机器都由三个本质上不同的部分组成：发动机、传动机、工具机或工作机。发动机是整个机器的动力，它或者产生自己的动力，或者接受外部某种现成的自然力的推动。传动机调节运动，在必要时改变运动的形式，把运动分配并传送到工具机上。工具机抓住劳动对象，并按照一定的目的来改变它。工具机是机器的关键特征。每当手工业或工场手工业过渡到机器生产时，工具机都是起点。工作机上的工具大体上还是手工业者和工场手工业工人所使用的那些器具和工具，尽管它们在形式上往往有很大改变。不过，现在它们已经不

① 保尔·芒图：《十八世纪产业革命——英国近代大工业初期的概况》，商务印书馆1991年版，第146页。

② 马克思：《资本论》第1卷，人民出版社2004年版，第427～443页。

是人的工具，而是一种机器的工具或机械工具了。因此，工具机是这样一种机器，它在取得适当的运动后，用自己的工具来完成过去工人用类似的工具所完成的那些操作。在真正的工具从人那里转移到机器上以后，机器就代替了单纯的工具。作为工业革命起点的机器，是用这样一个机器代替只使用一个工具的工人，这个机器使用许多同样的或同种的工具一起作业，由一个单一的动力来推动，而不管这个动力具有什么形式。

由于生产的需要以及机器自身的改进，工作机的规模逐渐扩大，工作机上同时作业的工具数量逐渐增加，这需要一种较大的发动机。这个机器要克服它本身的阻力，就必须有一种比人力强大的动力。在工场手工业时期遗留下来的一切大动力中，马力是最差的一种，这部分地是因为马有它自身的头脑，部分地是因为它十分昂贵，而且能在工厂内使用的范围有限。风力不稳定，而且无法控制。水力的应用在工场手工业时期占有优势，但是它不能随意增大，在缺乏时不能补充，有时甚至会完全枯竭，而且它的应用完全受地方的限制。直到瓦特发明蒸汽机，才为大工业的发展消除动力的束缚。蒸汽机消耗煤和水而自行产生动力，它的能力完全受人控制，它可以移动。它可以在城市中使用，不像水车那样一般限于在农村使用，它可以使生产集中在城市，不像水车那样使生产分散在农村。它在工艺上可以得到普遍的应用，在地址选择上不太受地点条件的限制。现在，一台发动机可以同时推动许多工作机。随着同时被推动的工作机数量的增加，发动机也在增大，传动机构也跟着扩展成为一个庞大的装置。

在有的工厂内，整个制品由同一台工作机完成。在工场手工业中分成几种操作顺次进行的整个过程，现在由一台由各种工具结合而成的工作机来完成。许多台同种类的机器集结在同一空间，共同使用一个原动力，在同一时间同时运转，这就是同种机器的简单协作。在有的工厂内，劳动对象要顺次通过一系列互相连接的不同的阶段过程，而且这些过程是由一系列各不相同而又互为补充的工具机来完成。在这里，真正的机器体系代替了各个独立的机器。工场手工业所特有的以分工为基础的协作又出现了，但这种协作现在表现为各个局部工作机的结合。每一台局部机器依次把原料供给下一台，由于所有局部机器都同时动作，产品就不断地处于自己形成过程的各个阶段，不断地从一个生产阶段转到另一个生产阶段。在这里，整个过程是客观地按其本身的性质分解为各个组成阶段，每个局部过程如何完成和各个局部过程如何结合的问题，完全由力学、化学等等在技术上的应用来解决。

生产资料由工具变为机器是大工业生产的技术前提，这在资本主义发展过程中是一个转折，从此资本主义生产获得了真正的解放，生产力快速发展，生产效率空前提高。作为资本主义生产起点的工场手工业也跟着发展成为作为资本主义生产标致的机器大工厂。

6.3.2　工厂制度

劳动资料的变化会引起生产组织形式的变化，劳动资料由工具变为机器，生产组织形式也相应地由手工工场演变为机器工厂，这表现为“一个由无数机械的和有自我意识的器官组成的庞大的自动机，这些器官为生产同一个物品而协调地不间断地活动，因此它们都从属于一个自行发动的动力。”[①] 在工厂中，适应机器的操作以及它们之间的协作，工人被分配到适应机器生产过程工艺的各个局部机器上进行操作，并保持各环节之间的连续性。在此基础上，形成了机器生产过程中新的劳动者分工：（1）每台局部机器上操作工与助手的分工；（2）由原动机和工作机的差别造成的辅助工和操作工之间的分工；

① 马克思：《资本论》第1卷，人民出版社2004年版，第482页。

(3) 机械工同维修工和勤杂工等之间的分工。在工厂内部，劳动形式由手工工场内部的工人使用工具转变为工人服侍机器，工人使用劳动工具的技巧，也同劳动工具一起，从工人身上转到机器上面。这样一来，工场手工业分工的技术基础就消失了。在自动工厂里，代替工场手工业所特有的专业化工人的等级制度的，是机器的助手所要完成的各种劳动的平等化或均等化的趋势，代替局部工人之间的人为差别的，主要是年龄和性别的自然差别。①

机械简单协作或机器体系的使用，进一步扩大了工厂的规模。机器体系的有效性要求各局部机器间保持恰当的比例。例如在棉纺工业中，当克朗普顿发明走锭精纺机之后，纺和织之间的平衡被打破了。人们已经在使用非常完善的机器进行纺纱，却不得不继续用手来进行织布。尽管织工的数量和工资迅速增长，织品的生产能力和纱线的生产能力仍不相称，以致纱厂主们不得不把纱线输出。纺和织的不平衡引起了一连串关于机械织布的发明和改进，直到卡特赖特发明自动织机，这种平衡才得以恢复。此后，人们看到纺织厂的设备像一个复杂的有机体系那样渐渐地形成起来。在这个独特生产部门中，机械化的到来已经不可避免。②

蒸汽机的发明使工业进一步集中。在蒸汽机发明之前，大动力主要有马力、风力和水力，但是，马力昂贵，风力不稳定，水力不充足。蒸汽机的发明使工业获得了一种价格优惠、动力强大和运行稳定的动力来源，最重要的是蒸汽动力不受地理条件限制，而且可以由人力控制。“蒸汽机的发明这一事件，开始了工业革命的最具有决定性的阶段。蒸汽把那些还压在大工业身上的束缚解放之后，就有可能无限迅速地发展了。”许多原来孤立、分散的同种或不同种机器，现在

---

① 马克思：《资本论》第1卷，人民出版社2004年版，第483页。

② 保尔·芒图：《十八世纪产业革命——英国近代大工业初期的概况》，商务印书馆1991年版，第189页。

由于要使用统一的动力而联合集结在同一工厂内部，这使有些工厂的规模变得非常庞大。例如，1786 年在伦敦建立的大不列颠面粉厂。这个工厂的设备由五十对被两架机器推动的磨石组成，面粉产量每周可高达一万六千蒲式耳。这个面粉厂的开设曾经轰动了伦敦，甚至去参观它成为一种风气。①

蒸汽机没有创造大工业，但是，它为大工业提供了可以任意支配的、不可抵抗的、统一的动力。在那以前，各种工业的相互依赖关系要疏远得多，它们的发展是单独地而且是通过完全特有的方法来形成。蒸汽机的发明完成了工业的集中，从此，工业世界几乎成为一个巨大的工厂。在那里，发动机的加速、放慢或停止就改变着工人的活动并决定着生产率。②

工厂的技术性质和制度性质。生产资料由工具变为机器以及蒸汽动力的发明使资本主义生产获得了真正的解放。如果说购买工具所需的资本仍可以通过短期积累和集中获得，那么够买庞大的机器设备以及建造安放这些设备的高大厂房所需的资本就绝不是一般人可以获得，而只有真正的资本家才可以做到。昂贵机器设备的使用使得许多小资本家破产沦为工人，加速了工人和资本家之间的分化。功能强大的蒸汽动力的发明，使得许多台机器可以共同使用一个原动力，这要求不同的机器连接在一起，进一步加强了资本的集中。机器的使用使劳动分工的基础由劳动者的技艺转变为机器之间的分工协作，劳动分工成了机器分工的附属物。生产过程的节奏不再由劳动者掌握，而是由机器本身的属性决定。劳动的简单化和片面化降低了工人技巧在生产过程中的重要性，使工人之间的替代性增强，这使得工人不得不更加严格地听从资本家的指挥。与这样的技术条件相对应，机器大工业

---

① 保尔·芒图：《十八世纪产业革命——英国近代大工业初期的概况》，商务印书馆 1991 年版，第 267 页。

② 同上，第 271 页。

的工厂在制度上的表现是劳动产权和资本产权的进一步分离，以及单一资本产权规模的进一步扩大。在工厂内部，工人越来越像是整个机器系统的一个部分，他们的劳动越来越简单化、机械化，在与资本家的谈判中地位越来越低，由此，他们的相对工资也越来越低。

6.3.3　工厂的进一步发展

随着英国机器生产在欧美各国的扩散，技术进步逐渐从少数作为工业革命核心的工业部门扩散到其他生产部门。在这个过程中出现了大量的技术创新，从对生产发展的相对重要性来看，首当其冲的是新材料和新能源的出现。在材料方面，随着炼钢技术的发展，[①] 钢材的价格逐渐下降，而在性能上它又集合了生铁与熟铁的优点，更适合用来生产各种金属构件和建筑材料。因此，在造船、铁路和金属加工等许多领域钢逐渐代替了铁。在能源方面，涡轮机和内燃机的出现，使蒸汽动力的效率大大提高。而且，随着石油供应来源的开辟和精炼方法的完善，使用石油的成本迅速下降，内燃机的应用范围不断扩大。电力的发明在能源方面是革命性的。电力的重要性在于：它可以在一定空间内输送能量而不会有大的损失，同时它可以容易而高效率地转化为其他形式的能量。电的可输送性和灵活性使机器从地点的束缚中解脱出来，并使动力无处不在而且人人可以加以利用。

廉价钢材和电力的使用使工厂内部的机械化程度越来越高，工厂的规模也随之越来越大。但是，在这个时期，生产很大程度上是根据订单来进行的。不同的订单要求的零部件的规格不同，而且在产品上的位置也不同，这经常导致零部件种类错误，从而出现大量重复劳动。在这种情况下，只有少数技术熟练的工人才能够制造出比较精确

① 关于炼钢技术的发展，可参见 H. J. 哈巴库克、M. M. 波斯坦（2002）。

的零部件，将它们装配起来需要工人再用手工加工锉平。这样，熟练工人可以凭技术取得对劳动过程的控制，并通过联合或缓慢地培养新的熟练工人来保持自己的既得利益。与此相对，交通和通讯技术的发展却使市场的需求不断扩大。市场需求的压力、效率提高的要求以及控制劳动过程的欲望，都促使资本家在工场内部生产标准的可互换的零部件产品。

高硬度切削工具的发展、塔式机床的发明与高精度测量仪器的出现，使生产大量高精度的标准化产品在技术上成为可能。制造标准化的可互换的零部件并对其进行装配，最早发生在美国东北部马萨诸塞州的斯普林菲尔德兵工厂，之后逐渐扩散到武器、钟表、缝纫机、联合收割机等行业中。人们将美国这种可互换零部件的生产方式称为"美国制造体系"或"美国体系"。[①] "美国体系"大大提高了生产率，但是还没有彻底消除生产过程对熟练工人的依赖。泰勒发起的"科学管理运动"[②] 通过对生产过程的科学分析，把具体的生产过程分为一连串标准的、简单的工作岗位，使工人经过简单培训就可以适应大多数岗位的要求，这基本上消除了工人对生产过程的控制，大大提高了生产过程的连续性。20 世纪初，福特发展了劳动过程分工的最新形式——流水线作业。在 1903 年以前，福特汽车厂中整个汽车常常是由一个装配工在组装台上来完成全部的组装工作，这些工作平均需要 514 分钟才能完成组装一辆汽车。使用流水线作业方式之后，每个装配工只承担一项单一的工作，电动传送装置利用传送带把零件持续而有规则地传到装配工人面前，每个工人不用任何走动，只需重复地完成一项装配任务。这样，福特工厂中一个装配工的平均工作周期由 514 分钟减少为 2.3 分钟。1914 年，高地公园工厂日产汽车

① 迈克尔·德托佐斯：《美国制造》，科学技术文献出版社 1998 年版。

② 关于科学管理的原则，可参见泰勒：《科学管理原理》，中国社会科学出版社 1984 年版。

1000多部，制造一辆汽车的平均工时从12小时8分钟减少到1小时33分钟。①

流水线作业方式不仅使操作极为简单化，而且经过管理人员事先进行的工作研究和动作分析，各种操作都已经标准化了。工人的技能培训时间也急剧下降。“作为工具来使用的人，要按照同机器性能规格最为相像的规格来适应生产上使用的机器。”② 工人和零部件一样可以随便调换，大大降低了劳动力的价值，扩大了雇佣劳动的范围。这使流水线作业方式在美国本土和其他国家迅速扩展。后来，随着人工智能和数控技术的发展，流水线作业方式实现了自动化。自动化使直接劳动过程中的雇用人数大为减少，使机器摆脱人工控制对其运转速度和工作效率的限制，使劳动生产率有了更大的提高。福特发明的流水线作业方式及其在工厂内引起的其他相关革新被后来的人称为福特制。③

福特制企业的技术特点是机器设备高度专业化、功能单一，这样的机器往往需要高昂的固定资本投资，只有通过大量重复地生产同一或同类产品来分摊固定资本投资。单一产品的大规模稳定生产使分工的细化达到前所未有的高度。通过对劳动过程进行科学的分析，同一劳动过程被分解为许多简单的、标准化的动作，每一个工人被限制在一个固定的操作岗位上，不同的操作岗位按顺序连接在一条生产线上，零部件和半成品被自动传送带从一个工人传递到下一个工人。标准化的大规模生产，使得产品的单位成本迅速下降，市场需求不断扩大，同时福特制企业的规模也不断膨胀。与这样的技术特点相对应，福特制企业在制度上表现为高度的前向和后向一体化。后向一体化可

---

① 谢富胜：《分工、技术与生产组织变迁》，经济科学出版社2005年版，第196页。

② 哈里·布雷弗曼：《劳动与垄断资本——20世纪中劳动的退化》，商务印书馆1978年版，第160页。

③ 关于福特制的论述综合参考了钱德勒（2001）、福特（2002）、麦格劳等（2000）和沃麦克等（1999）的论述。

以保证原材料的稳定供应，前向一体化可以获得销售的规模经济。在企业内部，权利高度集中，实行垂直的层级化管理制度，劳动的设计与执行职能高度分离。这种高度集权、严格执行的制度迎合了福特制企业大规模单一产品对生产稳定的要求。

6.4 网络化生产组织的出现

6.4.1 福特制的内在缺陷与危机

20 世纪 50 年代以来，福特制生产组织在世界范围内迅速扩散，大规模生产和大规模消费之间相互促进，资本主义世界开始了长达近 20 年经济增长的黄金时期。20 世纪 70 年代以来，福特制的内在缺陷由于一系列外部条件的变化不断显现出来，福特制生产组织出现了危机。[①] 福特制的内在缺陷从资本循环的角度来分析可分为以下三个方面：

从资本循环的第一阶段来看：单一功能的机器设备需要较高的能源供应，能源价格的提高使生产组织的成本上升。制造商和供应商处于独立的地位，制造商对供应商采用的招标制度使供应商之间展开激烈的价格竞争，为了在价格上获得优势，制造商有可能降低质量要求，导致零部件质量问题增加。供应商和制造商之间缺乏有效沟通，不利于产品质量持续改进和创新。为了防止投入供应的波动影响生产的稳定，福特制生产组织以投入存货形式进行了大量储备，增加了不变成本。

---

① 谢富胜：《分工、技术与生产组织变迁》，经济科学出版社 2005 年版，第 217 页。

从资本循环的第二阶段来看：标准化的大规模生产往往需要价格昂贵的大型单一功能的机器设备，[①] 这会使短期固定投资很高，只有通过大量地生产同一产品才能降低单位成本；而市场需求的不稳定和变化，使固定成本的更换费用很高。过分简单、细致的分工使工人劳动技能单一，不利于产品质量改进；而且日复一日地重复同一简单操作，也会使工人对工作不满，产生消极怠工，甚至破坏机器。劳动过程设计和执行的分离使发明、创新由专门的研发机构承担，剥夺了工人在发明创新中进行技术改进的机会。对产品标准化和延长产品周期的需要意味着尽可能不要进行生产方法、设备的更换和调整，从而削弱了对产品和工艺不断进行改进的激励。管理部门职能分工造成研发、生产和销售部门在组织上分离，使三个部门缺乏有效的信息交流，使消费者的最新需求、产品初期设计和后续生产之间不能协调一致，造成重复设计、多次修改等众多问题，增加了产品成本。

从资本循环的第三个阶段来看：大规模的标准化生产要求销售部门的主要职能是向统一的市场推销低成本的标准化产品，其结果必然是忽视很多消费者的个性化需求。同时，高水平的存货、等级制的科层决策以及分摊高昂固定资本的需要，也阻碍了福特制生产组织对消费者需求变化做出快速的反应。随着标准化产品需求的饱和，福特制生产组织就会面临产品销售困难的问题。

在需求比较稳定的大规模市场条件下，福特制生产组织的上述缺陷会由于其优势而被掩盖。但是，20 世纪 60 年代中期到 80 年代初，一系列外部事件导致的冲击以及福特制的自身发展带来的一系列变化，改变了福特制生产组织的外部环境。在资本主义体系内，出现了“福特主义危机”。分别始于 1973 年和 1979 年的两次石油危机造成石

① “在大规模生产时代，整个生产过程更依赖于只完成一种功能的专用机器，它通常是只为一个产品设计的，任何设计上的变动都需要重新调整设备”（派恩，2000）。

油短缺，能源供应紧张。苏联的小麦抢购引起粮食短缺恐慌。国际货币体系由固定汇率制变为浮动汇率制，使得企业难以预测美元价值和商品价格的波动。这些外部冲击带来的投入供应不足、价格不稳定以及劳资双方确定的工资与物价挂钩协议引起通货膨胀的螺旋式上升。为控制通胀采取的限制性货币与财政政策又引起市场需求下降和失业增加。外部环境的这些混乱，破坏了标准化产品的大规模市场基础。除此之外，大规模生产带来的收入增长和收入分配上的差别，使美国社会出现阶级分化。日本、德国等国家的经济发展通过与美国的国际贸易，加剧了美国市场上的竞争，[①] 这也促使美国市场向多元化市场转变，标准化产品需求向多样化、多品种、个性化的需求转变。这些变化使得福特制生产组织形式逐渐失去原有的效率，生产和利润率开始下降。福特主义的危机使资本主义世界开始了漫长的结构调整过程，在这期间，先后形成了两种新的生产组织形式：精益生产和大规模定制。

6.4.2 精益生产

精益生产又称为丰田生产模式、及时生产模式或弹性生产模式等，是管理学家和经济学家对日本丰田汽车公司的生产模式进行系统考察之后得出的一种生产组织模式。[②] 与美国广阔而统一的大市场不同，日本的国内市场很小，但需要的汽车种类却很复杂。包括政府官员使用的豪华汽车、将货物送到市场去的大型载货汽车、农民使用的小型载货汽车、适应日本城市拥挤而能源价格昂贵的小型轿车。因此，需求的品种多、批量少。在这种条件下，如何以低成本来生产多品种、小批量的汽车就成为企业需要解决的关键问题。丰田生产模式

① 如美国 1965 年进口汽车占 6%，1975 年激增至 18%（Piore and Sabel，1984）。
② 大野耐一：《丰田生产方式》，河北出版社 2001 年版。

或精益生产就是在这种环境下逐渐发展起来的。这种模式的主要特征有两个：一是在全部生产过程的各个环节之间实现及时生产，努力减少库存成本。二是通过装备具有通用性、性能灵活的设备以及多技能工人之间的合作来实现不同作业模式的快速转换。

为了实现零库存，丰田公司总裁丰田喜一郎提出了“及时生产”的概念，即各生产环节之间只是在必要的时候，将必要的物品供应必要的数量，以消除因存在阶段性过剩而造成的搬运和存储费用。在总装厂内部，每道工序的人按照必要的数量，在必要的时候，到前工序去领取所需的零件，前工序为了补充被取走的零件，只生产被取走的那一部分，这被称为“拉动方式”。在总装厂与各供应商之间，丰田汽车公司建立了一套以“及时生产”为核心的等级制分包网络：丰田公司把所有供应商按其功能和责任不同分为三个层次。第一层供应商主要负责生产各种总成专业；① 第二层供应商主要为第一层供应商生产各种总成专业所需的零件；第三层供应商主要为第二层供应商生产零件服务。丰田汽车公司只与第一层供应商通过业务指导、参股、人事安排和流动资金借款等方式进行联系，在开发产品时将其作为整个开发团队的一部分包括进来。以下各层供应商也按这种方式与相应的供应商发生联系。各层次的供应商之间就像总装厂内各工序之间一样，只是在必要的时间，按必要的数量供应必要的产品。从20世纪60年代中期开始，丰田汽车公司经过近20年的努力，把整套丰田生产系统在所有协作环节全部实施，使所有生产环节都实现了零库存、零浪费。②

为了以低成本生产多品种、小批量的产品，就需要尽量缩短不同作业模式的转换时间。为此，可以通过装备具有通用性、性能灵活的

① 总成专业是指由许多零部件组成的半成品，总成专业内部可以分为许多等级，最高一级的总成专业相互组合成为最终的成品。

② 谢富胜：《分工、技术与生产组织变迁》，经济科学出版社2005年版，第235页。

设备来实现。使用多功能的通用设备，可以避免因使用单一功能设备而造成的频繁安装和拆卸相关机器而造成的浪费，同时也可以减少操作员在设备转换期间的闲置和等待时间。但是，通用性设备往往需要工人掌握多种技能，能自主地处理生产过程中出现的一些临时问题。丰田汽车公司通过工人在不同生产环节和部门之间的流动，来培养和锻炼他们能够掌握多种相关的技能，从而在生产过程中可以进行“一个流”的操作，[①] 通过多技能工人组成的团队合作来减少作业转换的时间。同时，多技能工人之间的合作和交流有利于他们提出能够改进工艺流程的建议。

精益生产的技术性质和制度性质。为了适应小批量、多品种生产的要求，精益生产需要装配具有通用性、性能灵活的机器设备，并且要求工人掌握多种技能，能够迅速实现不同种类产品的生产转换。而且，为了减少局部库存，要求生产过程的各个环节之间密切配合，实现及时供应。与这样的技术条件相对应，精益生产在制度上处于企业和市场之间的中间状态，呈现出网络化形态。为了保证及时供应，精益生产企业与供应商之间的关系不是一般的市场关系，而是通过参股、控股或资金借贷等形式与供应商保持更紧密的关系，而且与供应商之间的关系着眼于长期合作，而不是短期行为。这种紧密的关系使精益生产企业与供应商之间的信息交流更加顺畅，不但满足及时供应的要求，而且使供应商能够参与到企业的早期研发中来，减少后期的修改成本。虽然关系密切，精益生产企业与供应商之间的关系也不是像同一个企业内部一样完全的一体化。这是因为精益生产面对的市场特点是小批量、多品种，不像福特制企业一样面对的是稳定的、单一的大规模市场。精益生产企业通过缩小企业规模，把一些非核心业务外包给其他企业，可以提高自身面对市场时的灵活性，同时缓解企业

---

① 一个流的操作是指单个作业人员依次进行生产过程中几个或多个工序的生产活动（门田安弘，2001）。

规模过于庞大可能产生的管理成本急剧上升。

6.4.3 大规模定制

从削减浪费、降低成本以提高效率的目的出发，适应日本汽车市场多品种、小批量的需求，经过多年的持续努力，不断推行丰田生产方式，丰田汽车公司实现了以低成本生产多品种、小批量汽车的目标。同时，通过主动接近消费者，提供给他们确实需要的产品，在各个方面都取得了很好的业绩。这促使其他日本公司开始模仿丰田生产方式，提高了日本在钢铁、汽车、电器、精密设备生产等行业的竞争力，并开始开拓北美和欧洲市场，逐步提高这些行业在北美市场的份额。这些情况引起了美国社会各阶层的重视，一些美国管理学家、经济学家和企业家开始认真考察和研究丰田生产方式，而且有些生产组织开始进行内部业务过程重组，向精益生产转变。但是，由于美国的市场和经济条件与日本不同，所以，美国的生产组织并没有完全照搬丰田生产方式，而是在吸收及时生产、多技能工人团队合作、交叉职能团队开发和利用分包网络等丰田生产模式优点的基础上，借助信息技术发展，形成了一种不完全等同于丰田模式的生产组织形式——大规模定制，即实现大规模生产和消费者定制的结合，以低成本向消费者提供定制产品。①

大规模定制是指以大规模生产的效率和速度，在长期内持续地为具有个性化需求的消费者提供可定制的产品。大规模定制生产必须解决的关键问题是：既要利用大规模生产的规模经济，又能快速及时满足消费者的个性化需求。为了能大规模地生产多样化产品，大规模定制这一生产组织形式将产品内部结构的复杂性降低到一定程度，这主

① 谢富胜：《分工、技术与生产组织变迁》，经济科学出版社2005年版，第241页。

要是通过结构模块化来实现。设计者根据功能、材料和工艺等的要求，把整个产品的内部结构划分为多个可以组合的模块。[①] 多数模块可以作为同一类产品共用的标准化模块固定下来，这些标准化模块所使用的零件基本也是标准的。少数模块作为可选模块来满足消费者的个性化需求。经过标准化、模块化的产品结构，大部分零件和组装都可以通过大规模的标准化生产来完成。少数满足消费者个性化需求的可选零件主要通过多技能工人与通用设备的结合来制造。大规模定制的关键除了利用大规模生产的优势，还必须对消费者的个性化定制需求做出快速及时的反应。20 世纪 90 年代中期以来，大规模定制生产组织在内部业务过程重组的基础上，利用发达的信息技术将生产计划、材料需求、成本核算、营销管理、市场策略进行统一设计、有机集成，即通过实施企业资源计划（ERP，Enterprise Resource Planning）来加强内部流程的信息传递和库存管理。网络技术的发展及其应用，使企业可以利用 CRM（Customer Relationship Management）来详细追踪消费者的行为，利用 SCM（Supply Chain Management）来控制供应商的零件和原料供应。CRM 系统不仅有利于改善企业和消费者之间的关系，而且可以使企业直接掌握消费者的信息或与其直接交流来实现定制，快速对市场需求做出反应。SCM 系统不仅可以加强制造商和供应商之间的联系，而且可以使双方作业层直接连接，缩短了信息传递时间，降低了双方零件的库存成本。[②] 对产品结构进行标准化、模块化设计，使用 ERP、CRM 和 SCM 系统来协调和管理企业内各部门以及企业与消费者和供应商的关系，所有这些不仅使大规模定制生产组织可以利用大规模生产的优势，同时可以使生产组织具有更大的弹性应对市场需求的变化，快速及时地满足多样化、个性化的

---

① 关于产品或产业结构的模块化，可以参见青木昌彦：《模块时代》，上海远东出版社 2003 年版。

② 谢富胜：《分工、技术与生产组织变迁》，经济科学出版社 2005 年版，第 249 ~ 250 页。

消费者需求。

大规模定制企业的技术性质和制度性质。大规模定制是在吸收精益生产优点的基础上发展起来的一种企业组织形式，它与精益生产有许多相似之处，但不完全一样。相似之处表现在，大规模定制也通过网络化的结构与供应商之间保持紧密关系，以便能够实现及时供应，减少库存成本。不同之处是大规模定制通过产品内部结构的标准化和模块化设计减少了结构的复杂性，可以通过基本模块与可选模块的组合来满足消费者的多样化需求，并因为结构的模块化设计而获得生产的规模经济。同时大规模定制利用最新的信息技术和网络技术对企业内部资源以及自身与客户和供应商的关系进行重新整合，大大提高了对市场需求反应的速度和灵活性，能够及时满足消费者个性化的定制需求。与这样的技术条件相对应，大规模定制企业在制度安排上也呈现出网络状。一方面，通过外包非核心业务来缩小自身规模，提高灵活性和竞争力；另一方面，通过发达的网络技术与供应商和客户保持紧密联系，以实现及时生产和快速定制。

对企业组织形式演变过程的分析表明，每一种具体的企业形态都是一个特殊的技术与制度的组合。不同的技术要求不同的制度与之相对应，技术性质和制度性质共同刻画了每一种具体的企业组织形式。企业组织形式演变的具体过程在纵向上为企业的二重性理论提供了一个历史的证明。

第7章

结　语

以亚当·斯密、马歇尔和新古典经济学为代表的传统企业理论分析了企业的技术性质，以科斯和威廉姆森为代表的交易成本企业理论分析了企业的制度性质。两种理论都是片面的，都不能对企业的性质做出充分、完整的解释。为此，本书提出了企业的二重性质理论，把企业的技术性质和制度性质结合起来进行分析。通过分析，本书得出了如下主要观点：

（1）马克思企业理论和交易成本企业理论是互补关系。马克思企业理论把企业看作是一种生产组织方式，包括生产力和生产关系两个方面。而且马克思认为生产力的发展变化决定生产关系的发展变化，但生产关系对生产力具有反作用。马克思对生产力与生产关系原理的论证表明马克思更强调生产力对生产关系的决定作用，而生产关系处于被动地位。这在客观上弱化了生产关系的能动作用。交易成本经济学虽然忽视了技术的重要性，但是通过比较制度分析证明了制度的重要性，从逻辑上证明了生产关系怎样可以反作用于生产力，这在客观上对马克思的理论提供了一种补充。在目前学术界，一般观点认为这两种理论主要是对立关系，本书对二者互补关系的发现和解释为以后学术界更加客观的认识这两种理论的关系注入了一种较为新颖的观点。

（2）企业是一种特殊的生产组织形式，同时具有技术和制度二重性。这一想法源自马克思在考察历史发展过程时使用的生产力与生产关系二分法，在更本质的意义上是哲学思维中的客观与主观二分法。在生产过程中，人与人之间既要按照劳动过程的客观性质结合成一定的技术关系实施物质的劳动过程本身，同时人与人之间又要出于对自我利益追求的原因结合成一定社会关系来规定他们在劳动过程中的权利与义务关系。这两种关系分别构成了劳动过程的技术性质和制度性质。技术性质规定了客观的潜在的企业生产能力，由自然科学技术和行为组织技术决定。制度性质影响企业成员的劳动积极性和努力方向，由成员之间权利和义务的分配结构决定。技术性质代表着劳动的方法，决定生产成本的大小，制度性质决定着企业成员在生产活动与机会主义活动之间的时间分配，决定交易成本的大小。企业与市场之间的替代，既不取决于交易成本大小，也不取决于生产成本大小，而是取决于二者总成本的大小。企业二重性理论结合了企业的技术性质和制度性质，能够对企业的性质做出完整充分的解释，比传统企业理论和交易成本企业理论更具说服力，是企业理论的一个较大发展。

（3）在技术和制度的关系上，技术决定论和制度决定论在逻辑上是同一的。通过引入科恩的功能主义解释，我们会看到技术决定论和制度决定论是同一逻辑过程的不同侧面。技术决定制度本身要求制度能够反作用于技术。试想如果制度对技术没有反作用，这意味着一种技术条件和任一种制度组合的效率是一样的，这样一来，特定的技术就无法决定特定的制度与之对应。制度决定技术同样意味着技术对制度具有选择作用。制度对技术具有反向决定作用，意味着不同制度选择与特定的技术条件相结合会产生不同的效率，如此一来，对于特定的技术条件，追求最高效率的人们必然会选择最有效率的那种制度与之相结合，这意味着技术对制度具有选择作用。长期以来，技术决定论和制度决定论各执一词，争论激烈。通过对二者在逻辑上同一性的说明指出了二者并不矛盾，它们的区别仅仅在于观察的角度不同，实际上，二者是统一的。这一新的观点为学术界正确认识技术决定论和制度决定论的关系，从而调节二者的争论提供了一种途径。

企业的二重性理论是企业理论的一个较大发展，相较于前面的传统企业理论和交易成本企业理论，能够对企业的性质做出更充分的解释。在关于企业性质的多个问题上，二重性理论都提供了独特的认识和观点。不过鉴于笔者本人知识水平有限，而且由于时间原因，文中肯定存在许多不成熟、不完善之处。首先，由于许多观点是第一次提出，属于原创性的，因此，在观点本身的表达和论证上都还存在不完善之处。其次，本书重在理论和逻辑分析，对于数理工具的运用比较少。因此，在理论的标准化和模型化方面还有许多工作要做。上述不足之处将是笔者今后进一步努力和研究的方向，同时也为其他学者在企业理论方面的研究提供了一些思路和线索。

参考文献

[1] 阿尔弗雷德·马歇尔：《经济学原理》，华夏出版社 2005 年版。

[2] 阿曼·阿尔奇安、哈罗德·德姆塞茨：生产、信息成本与经济组织，载于孙经纬译《企业的经济性质》，上海财经大学出版社 2000 中文版。

[3] 艾尔弗雷德·D·钱德勒：《看得见的手》，商务印书馆 2001 年版。

[4] 奥利弗·E·威廉姆森：《资本主义经济制度》，段毅才、王伟译，商务印书馆 2004 年版。

[5] 奥斯卡·兰格：《社会主义经济理论》，中国社会科学出版社 1981 年版。

[6] B. 约瑟夫·派恩：《大规模定制》，中国人民大学出版社 2000 年版。

[7] 保尔·芒图：《十八世纪产业革命——英国近代大工业初期的概况》，商务印书馆 1991 年版。

[8] 布罗代尔：《15 至 18 世纪的物质文明、经济和资本主义》第 2 卷，生活·读书·新知三联书店 1993 年版。

[9] 布瓦松纳：《中世纪欧洲生活和劳动》，商务印书馆 1985 年版。

[10] 陈稻田：《生产力和生产关系理论：一个现代阐释》，载于

《陕西理工学院学报（社会科学版）》2009年第4期。

[11] 陈劲、王焕详：《演化经济学》，清华大学出版社2008年版。

[12] 陈勇勤：《马克思“生产力—生产方式—生产关系”原理的疑问和修正》，载于《南京社会科学》2008年第1期。

[13] 大野耐一：《丰田生产方式》，河北出版社2001年版。

[14] 段文斌等：《制度经济学》，南开大学出版社2004年版。

[15] 段文斌：《分工、报酬递增和企业制度》，天津人民出版社1998年版。

[16] 段忠桥：《对生产力、生产方式和生产关系概念的再考察》，载于《马克思主义研究》1995年第3期。

[17] 凡勃伦：《有闲阶级论》，蔡受百译，商务印书馆1964年版。

[18] 弗里德利希·冯·哈耶克：《通往奴役之路》，中国社会科学出版社1997年版。

[19] 弗里德利希·冯·哈耶克：《致命的自负：社会主义的谬误》，中国社会科学出版社2000年版。

[20] 弗里德利希·冯·哈耶克：《自由秩序原理》，生活·读书·新知三联书店1997年版。

[21] 弗里德利希·冯·哈耶克：《个人主义与经济秩序》，生活·读书·新知三联书店2003年版。

[22] G. A. 科恩：《卡尔马克思的历史理论——一种辩护》，段忠桥译，高等教育出版社2008年版。

[23] 国彦兵：《制度经济学》，立信会计出版社2006年版。

[24] H. J. 哈巴库克、M. M. 波斯坦：《剑桥欧洲经济史》（第6卷），经济科学出版社2002年版。

[25] 哈里·布雷弗曼：《劳动与垄断资本——20世纪中劳动的退化》，商务印书馆1978年版。

[26] 何维达：《马克思与科斯的企业理论之比较》，载于《当代

财经》1998 年第 3 期。

[27] 亨利·福特:《向前进》,当代中国出版社 2002 年版。

[28] 杰弗里·M·霍奇逊:《制度与演化经济学现代文选——关键性概念》,高等教育出版社 2005 年版。

[29] 靳涛:《关于演化经济学思想的比较:凡勃伦、熊彼特、哈耶克》,载于《经济科学》2002 年第 4 期。

[30] 卡洛·奇波拉:《欧洲经济史》(第 3、4 卷),商务印书馆 1988 年版。

[31] 康芒斯:《制度经济学》,于树生译,商务印书馆 1962 年版。

[32] 科斯:《论生产的制度机构》,盛洪、陈郁译,三联书店上海分店 1994 年版。

[33] 柯武刚、史漫飞:《制度经济学》,韩朝华译,商务印书馆 2000 年版。

[34] 库尔特·多普菲:《演化经济学——纲领与范围》,高等教育出版社 2004 年版。

[35] 理查德·R·纳尔逊,悉尼·G·温特:《经济变迁的演化理论》,商务印书馆 1997 年版。

[36] 厉以宁:《资本主义的起源》,商务印书馆 2003 年版。

[37] 林金忠:《否定企业的企业理论:企业“契约论”批判》,载于《经济学家》2003 年第 5 期。

[38] 林金忠:《企业组织的经济学分析》,商务印书馆 2004 年版。

[39] 鲁品越:《生产关系理论的当代重构》,载于《中国社会科学》2001 年第 1 期。

[40] 路易斯·普特曼、兰德尔·克罗次纳:《企业的经济性质》,王经伟译,上海财经大学出版社 2003 年版。

[41] 卢现祥、朱巧灵:《新制度经济学》,北京大学出版社 2007 年版。

[42]《马克思恩格斯选集》第1卷，人民出版社1995年版。

[43]《马克思恩格斯选集》第2卷，人民出版社1972年版。

[44]《马克思恩格斯选集》第4卷，人民出版社1972年版。

[45]《马克思恩格斯全集》第4卷，人民出版社1972年版。

[46]《马克思恩格斯全集》第23卷，人民出版社1958年版。

[47]《马克思恩格斯全集》第25卷，人民出版社1972年版。

[48]《马克思恩格斯全集》第27卷，人民出版社1972年版。

[49]《马克思恩格斯全集》第46卷上册，人民出版社1979年版。

[50]《马克思恩格斯全集》第47卷，人民出版社1982年版。

[51] 马克思:《剩余价值理论》第3册，人民出版社1975年版。

[52] 马克思:《资本论》第1卷，人民出版社2004年版。

[53] 马克思:《资本论》第1卷，人民出版社1975年版。

[54] 马克思:《机器、自然力和科学的应用》，人民出版社1978年版。

[55] 迈克尔·迪屈奇:《交易成本经济学——关于公司的新的经济意义》，经济科学出版社1999年版。

[56] 迈克尔·德托佐斯:《美国制造》，科学技术文献出版社1998年版。

[57] 曼德尔:《论马克思主义经济学》上卷，商务印书馆1979年版。

[58] 门田安弘:《新丰田生产方式》，河北大学出版社2001年版。

[59] 诺斯:《经济史中的结构与变迁》，陈郁译，上海三联书店1991年版。

[60] 诺斯:《制度、制度变迁与经济绩效》，刘守英译，上海三联书店1994年版。

[61] 诺斯、托马斯:《西方世界的兴起》，华夏出版社1999年版。

[62] 逄锦聚、洪银兴、林岗、刘伟:《政治经济学》，高等教育

出版社 2004 年版。

[63] O. 哈特:《企业、合同与财务结构》，上海三联书店、上海人民出版社 1998 年中文版。

[64] O. 哈特、J. 穆尔：产权与企业的性质，载于陈郁主编《企业制度与市场组织——交易费用经济学文选》，上海三联书店、上海人民出版社 1996 年中文版。

[65] 青木昌彦:《经济体制的比较制度分析》，中国发展出版社 1999 年版。

[66] 青木昌彦:《比较制度分析》，上海远东出版社 2001 年版。

[67] 青木昌彦:《模块时代》，上海远东出版社 2003 年版。

[68] 单伟健:《交易成本经济学的理论、应用及偏颇》，载于汤敏、茅于轼主编:《现代经济学前沿专题》（第 1 集），商务印书馆 1989 年版。

[69] 舒尔茨:《制度与人的经济价值的不断提高》，载于《财产权利与制度变迁——产权学派与新制度学派译文集》，陈剑译，上海三联书店 1994 年版。

[70] 荣兆梓:《企业性质研究的两个层面——科斯的企业理论与马克思的企业理论》，载于《经济研究》1995 年第 5 期。

[71] 盛昭翰、蒋德鹏:《演化经济学》，上海三联书店 2002 年版。

[72]《斯大林文选（1934～1952 年)》，人民出版社 1985 年版。

[73] 宋朝龙:《社会生产方式的二重结构——技术决定论批判》，经济管理出版社 2007 年版。

[74] 泰勒:《科学管理原理》，中国社会科学出版社 1984 年版。

[75] 托马斯·K·麦格劳:《现代资本主义》，江苏人民出版社 2000 年版。

[76] W. 布鲁斯:《从马克思到市场：社会主义对经济体制的求索》，上海人民出版社 1998 年版。

[77] 威廉·M·杜格、霍华德·J·谢尔曼:《回到进化——马克思主义和制度主义关于社会变迁的对话》, 中国人民大学出版社 2007 年版。

[78] 吴易风:《马克思的生产力—生产方式—生产关系原理》, 载于《马克思主义研究》1997 年第 2 期。

[79] 奚兆永:《究竟如何理解马克思所说的"生产方式"》, 载于《当代经济研究》1998 年第 4 期。

[80] 肖前:《历史唯物主义原理》, 人民出版社 1991 年版。

[81] 谢富胜:《分工、技术与生产组织变迁》, 经济科学出版社 2005 年版。

[82] 熊彼特:《经济发展理论》, 商务印书馆 1990 年版。

[83] 许光伟、张威:《国内学者的马克思企业理论研究: 一个述评》, 载于《经济学家》2007 年第 1 期。

[84] 亚当·斯密:《国民财富的性质和原因的研究》(上、下卷), 商务印书馆 1972 年中文版。

[85] 杨长福:《关于政治经济学研究对象的几点商榷》, 载于《经济研究》1981 年第 1 期。

[86] 杨琪、吴练达:《分工是生产力还是生产关系》, 载于《广西社会科学》2008 年第 1 期。

[87] 约翰·克劳维特根:《交易成本经济学及其超越》, 上海财经大学出版社 2002 年版。

[88] 詹森、麦克林:《专门知识、一般知识和组织结构》, 载于《契约经济学》, 经济科学出版社 1999 年版。

[89] 詹森、麦克林:《企业理论: 管理行为、代理成本与所有权结构》, 载于《所有权、控制权与激励——代理经济学文选》, 上海三联书店、上海人民出版社 1998 年中文版。

[90] 詹姆斯·P·沃麦克等:《改变世界的机器》, 商务印书馆

1999 年版。

[91] 张闻天：《关于生产关系的两重性问题》，载于《当代思潮》1995 年第 2 期。

[92] 张五常：《经济组织与交易成本》，载于《经济解释：张五常经济论文选》，商务印书馆 2000 年版。

[93] 张五常：《经济解释》，花千树出版有限公司 2001 年版。

[94] 张五常：企业的契约性质，载于陈郁主编《企业制度与市场组织——交易费用经济学文选》，上海三联书店、上海人民出版社 1996 年中文版。

[95] 张维迎：《博弈论与信息经济学》，上海人民出版社 2004 年版。

[96] 张宇、孟捷、卢荻：《高级政治经济学》，中国人民大学出版社 2006 年版。

[97] 张银杰：《马克思的企业理论与西方新制度学派的企业理论之比较》，载于《教学与研究》1998 年第 10 期。

[98] 赵家祥：《历史唯物主义原理：新编本》，北京大学出版社 1992 年版。

[99] 周志山：《马克思分工理论的社会关系向度分析》，载于《理论探讨》2003 年第 6 期。

[100] Akerlof, G., "The Market for 'Lemons': Quality Uncertainty and the Market Mechanism". *Quarterly Journal of Economics*, 1970 (84): 488 - 50.

[101] A. Alchain and H. Demsetz, "Production, Information Cost and Economic Organization". *American Economic Review*, 1972 (62): 777 - 795.

[102] Arrow, K., "Uncertainty and the Welfare Economics of Medical Care". *American Economic Review*, 1963 (53): 91 - 96.

[103] Barzel, Y., *Economic Analysis of Property Rights*. Cambridge University Press, 1989.

[104] Berle, A. and G. Means, *the Modern Corporation and Private Property*. New York: Macmillan, 1932.

[105] Benito, G. R. G., "Ownership Structure of Norwegian Foreign Subsidiaries in Manufacturing". *The International Trade Journal*, 1996 (10): 157 – 198.

[106] Braveman, H., *Labor and Monopoly Capital*. New York: Monthly Review Press, 1974.

[107] Cheung, Steven N. S., "The Contractual Nature of the Firm". *Journal of Law and Economics*, 1983, (4).

[108] Cohen, G. A., *History, Labor and Freedom*. Oxford University Press, 1988.

[109] Dickerson, O., *Health Insurance. Homewood*. Ontario: Richard D. Irwin, Inc., 1959.

[110] Faulkner, E. J., *Health Insurance*. New – York: McGraw – Hill, 1960.

[111] Francis, A., Tuck, J. and Willman, P. (eds), *Power, Efficiency and Institutions*. London: Heinemann, 1983.

[112] Freeman, Ch., "Critical Survey: Economics of Technical Innovation". *Cambridge Journal of Economics*, 1994, Vol. 18.

[113] Hennart, J. F., "Transaction Cost and Multinational Enterprise: The Case of Tin". *Business and Economic History*, 1987 (16): 147 – 159.

[114] Hennart, J. F., "A Transaction Cost Theory of Equity Joint Ventures". *Strategic Management Journal*, 1988 (4): 361 – 374.

[115] Hennart, J. F., "The Transaction Cost Theory of Joint Ven-

ture: An Empirical Study of Japanese Subsidiaries in the United States". *Management Science*, 1991 (4): 483 -497.

[116] Hodgson, G. M., *Economics and Institutions: A Manifesto for a Modern Institutional Economics*. Cambridge: Polity Press, 1988.

[117] L. Robbins, *The Nature and Significance of Economic Science*. London: Macmillan, 1935.

[118] Landes, D. S., *The Unbound Prometheus*. Cambridge: Cambridge University Press, 1969.

[119] Michael Jensen and William Meckling, "Theory of the Firm: Managerial Behavior, Agency Cost and Ownership Structure". *Journal of Financial Economics*, 1976 (3), PP. 305 -360.

[120] Oliver E. Williamson, "The Vertical Integration of Production: Market Failure Consideration". *American Economic Review*, 1971 (61): 112 -123.

[121] Piore, Michael J. and Sabel, Charless F., *The Second Industrial Divide*. New York: Basic Books Inc. Publishers, 1984.

[122] Pitelis, C., *Market and Non-market Hierarchies: Theory of Institutional Failure*. Oxford: Blackwell, 1991.

[123] Polanyi, M., *Personal Knowledge: Towards a Post - Critical Philosophy*. New York: Harper Torchbooks, 1962.

[124] Polanyi, M., *The Tacit Dimension*. London: Routledge & Kegan Paul, 1967.

[125] Ronald H. Coase, "The Nature of the Firm". *Economica*, (4), 1937.

[126] Rothschild, M. and J. Stiglitz, "Equilibrium in Competitive Insurance Market". *Quarterly Journal of Economics*, 1976 (93): 541 - 562.

[127] Sanford J. Grossman and Oliver D. Hart., "The Costs and Benefits of Ownership: Theory of Vertical and Lateral Integration". *Journal of Political Economics*, 1986, (4) Vol. 94

[128] Schultz, T. W., "Investment in Human Capital", *American Economic Review*, 1961, 51 (March).

[129] Schultz, T. W., "Reflections on Investment in Man". *Journal of Political Economy*, 1962, 70 (October).

[130] Simon, H. A., *Models of Man.* London: John Wiley & Sons Inc, 1957.

[131] Simon, H. A., "Theories of Bounded Rationality". in C. McGuire and R. Radner (eds), *Decision and Organization.* Amsterdma: North - Holland, 1972.

[132] Spence, M., "Job Market Signaling". *Quarterly Journal of Economics*, 1973 (87): 355 - 374.

[133] Teece, D., "Technological and Organizational Factors in the Theory of the Multinational Enterprise". in M. Casson (ed.), *the Growth of International Business*. London: George Allen & Unwin.

[134] Veblen, T., "Why is Economics not an Evolutionary Science?" in the Place of *Science in Modern Civilization and other Essays*, Veblen, T., New York: B. W. Huebsch, PP56 - 81.